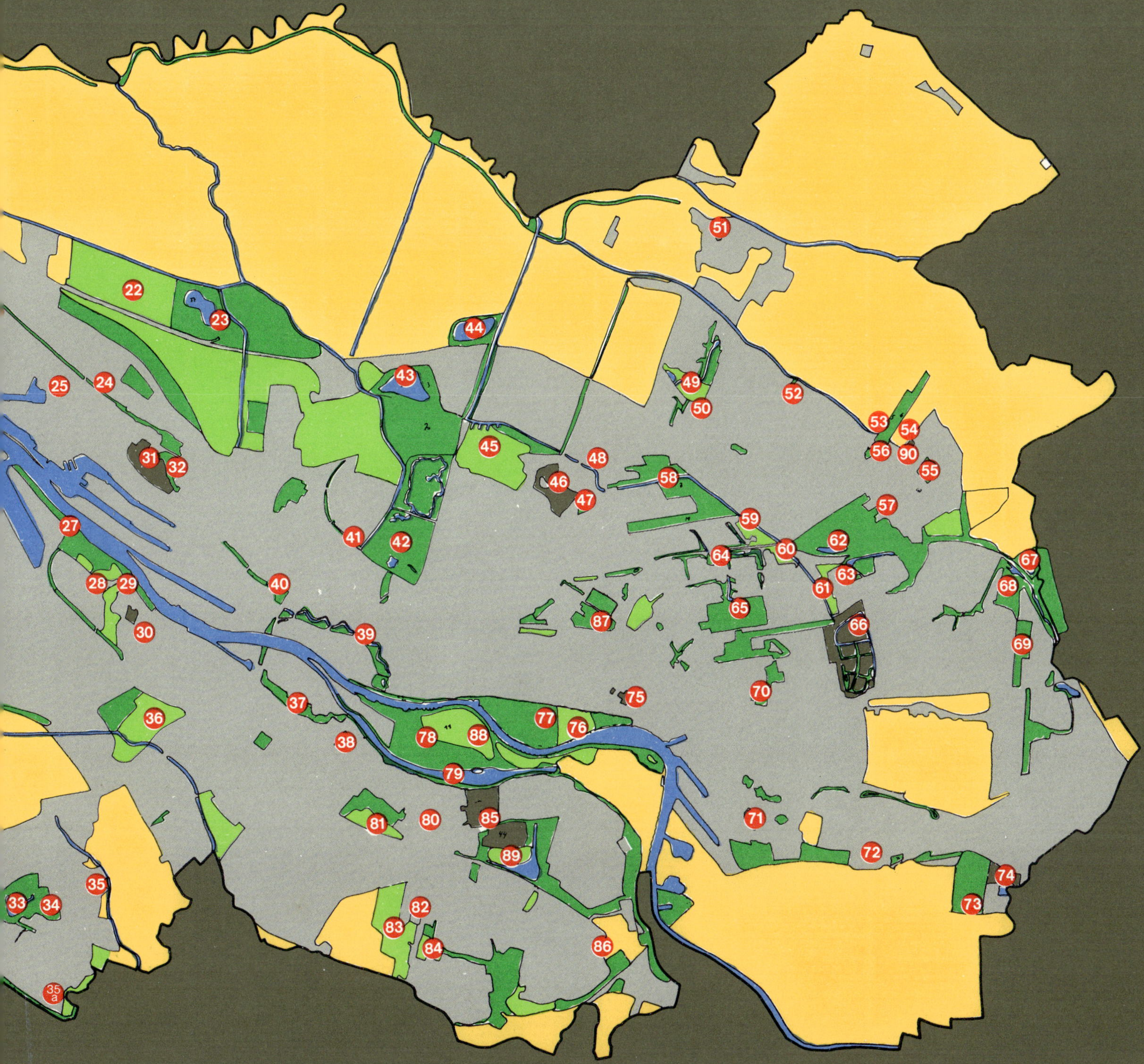
22
23
24
25
27
28
29
30
31
32
33
34
35
35 a
36
37
38
39
40
41
42
43
44
45
46
47
48
49
50
51
52
53
54
55
56
57
58
59
60
61
62
63
64
65
66
67
68
69
70
71
72
73
74
75
76
77
78
79
80
81
82
83
84
85
86
87
88
89
90

Parks und Gärten in der Freien Hansestadt Bremen

PARKS UND GÄRTEN IN DER FREIEN HANSESTADT BREMEN

Historische Einführung
Werner Kloos

Sachkundige Erläuterungen
Berndt Andreas

Fotografiert von
Jochen Mönch

Verlag H. M. Hauschild GmbH, Bremen

Redaktion: Werner E. Schröder
Fotos: Jochen Mönch, Bremen
Gestaltung: Friedrich Dodo de Boer, Bremen
Fotosatz: Buhmeier + Schmidt, Bremen
Herstellung: H. M. Hauschild GmbH, Bremen
Printed in Germany
ISBN 3-920699-24-6

Blick auf Bremen von Süden. Kupferstich von Wilhelm Dilich. 1604.

Die bremischen Jahreszeiten

Beständigkeit, eine charakteristische Eigenschaft Bremens, wird oft als Tugend gedeutet, als Ausdruck eines unwandelbaren Wesens, oder auch als Schwäche, als Beweis für allzu starres Beharren auf Überkommenem. Doch Bremen, die beständige Stadt, verwandelt sich wie kaum eine zweite im Wechsel der Jahreszeiten, bleibt, obwohl eine Halbmillionen-Großstadt, ein Teil der Natur auf unverwechselbare, jedes Stadtquartier einbeziehende Weise.

Mit dem Jahreslauf, mit dem wachsenden und schwindenden Licht lebt diese Stadt. Aus der Vogelschau ist das klar zu erkennen, ob mit den Frühjahrsstürmen und Überflutungen sich weithin silberne Wasserflächen in das Stadtbild drängen oder im Spätherbst die Gärten, Straßenzüge und Parks sich farbig mit den Wäldern im Umland zu vereinen scheinen. Am stärksten entfaltet sich dieses Verbundensein mit der Natur freilich im Frühling, wenn in wenigen Tagen die Stadt sich begrünt und bekränzt mit einem Gewinde aus frischem Laub, mit einer Girlande aus Blumen und Blüten, die alte Stadtteile und junge Neubaubereiche umschlingt und bedeckt. Die Bezauberung dringt tief ein in das Herz der Stadt und ihrer Bewohner und Besucher. Sie überglänzt den uralten Gartenhof an der Südseite des St.-Petri-Doms wie die mächtigen Alleebäume, die Kriegszeiten, Feuersbrünste und Straßenbau überstanden haben, sie verkündet sich in dem Duft von jungem Blattwerk und frischem Gras, der im Spiel der immer lebhaften Winde spürbar wird.

In vielen anderen Großstädten ist die Natur all-

mählich von der steinernen Umarmung erstickt worden. Dagegen hat sich in Bremen die Harmonie zwischen Natur, Landschaft und Stadt im Laufe der Zeit nicht nur behauptet, sondern verstärkt. Mit dem Wachsen zur Großstadt wurde dieses Einvernehmen sogar zu einer ausgeprägten bremischen Eigentümlichkeit, so daß sie sowohl Lob und Bewunderung als auch Kritik und Mißgunst erregte. Liebevoll sprechen die Bremer von ihren durchgrünten Wohnvierteln, von idyllischen Gartenwinkeln selbst im modernen Verkehrsgetriebe. Und wenn eifersüchtige Nachbarn gelegentlich geringschätzig Bremen ein »Dorf mit Außenhandel« nennen, die Bremer, sie hören es gerne!
Was mit dem Dörflichen gemeint ist – Bäume in fast allen Straßen, Sträucher und Blumen in Gärten und unzähligen Vorgärten, Wasserzüge und Grünbezirke, gar eine Windmühle in der Stadtmitte –, das vereinigt sich in seiner Gesamtheit wie auch als umhegtes Detail zu einem lebendigen Schatz.
Auch andere Städte lieben ihre Parks und Gärten, doch in Bremen hängt man am grünen, sich stets erneuernden Besitz mit einer tiefbegründeten Zuneigung, die nur aus der steten Bedrohung, aus der uralten Bemühung um die Erhaltung des kultivierten Bodens zu erklären ist. Darum verteidigen die Bürger das Gewachsene und sind alter Bäume wegen zuweilen sogar zur Rebellion bereit.
Die innere Beziehung einer Stadt zu ihren Gärten und Parks läßt sich nicht nur in Hektar und Quadratmeter ausdrücken. Die Verbundenheit der Bewohner einer Großstadt zum öffentlichen oder privaten Grün kann nicht nur an den kommunalen oder persönlichen Aufwendungen abgelesen werden. Auch gelten nicht die Maßstäbe produktiver Landwirtschaft für das Verhältnis des Stadtmenschen zu dem Stückchen Natur vor oder hinter dem Hause. Selbst die bestorganisierte Gemeinde vermag nicht, ihren Bürgern Heimatgefühl oder Stadtstolz sozusagen mit der Gewährung des Wohnrechts und der polizeilichen Anmeldung zu vermitteln – andere Kräfte müssen solche Empfindungen wecken und formen.
Diese Erfahrung der Politiker und Stadtplaner, der Städtebauer und Soziologen ähnelt derjenigen des Gärtners: selbst wenn er den Boden sorgfältig für die Aufnahme von Setzlingen vorbereitet und alle Wachstumsbedingungen erwägt, muß doch das geheimnisvolle Element hinzutreten, das den Wurzelstock, das Samenkorn zum Wachsen und Treiben bringt.

Anfänge der Gartenkultur

In den bescheidenen Hofräumen, die während des Mittelalters in der immer dichter besiedelten und bebauten Stadt übrig geblieben waren, konnten bestenfalls kleine Küchengärten Platz finden. Zwar waren in den bremischen Klöstern gewiß auch Kräutergärten angelegt worden, in denen Heilpflanzen wuchsen, derer die Mönche für ihre Apotheken und die Krankenpflege bedurften. Es wird sogar von frühem Weinbau berichtet, einem Versuch, den mit einigen Genossen der unternehmungslustige Bürgermeister Hemeling Ende des 14. Jahrhunderts vor dem Ostertor gewagt hatte. Aber alles in allem war die Gartenarbeit auf Gemüsebeete und wenige Obstbäume beschränkt geblieben.
Die urbane Verdichtung zwang das innerstädtische Grün zu weiterem Rückzug. Die Abwässer flossen auf die Straßen, Unrat wurde in Gruben verscharrt, auch in die Balge und die Weser geworfen. Enge schmutzige Gassen steigerten das Verlangen nach Sonne und Luft. Die Stadtmauern erlaubten kein Ausweichen, und der enge Ring der Verteidigungsanlagen verstärkte sich im 16. Jahrhundert noch weiter, schloß mit neuerrichteten Bollwerken, Wällen und Bastionen die Bewohner noch mehr von der Außenwelt ab. Der Raum zum Atmen, der Freiraum zum Bewegen oder zum Spielen für die Kinder war äußerst knapp geworden Wo ein Stück Land hinter den Häusern unbebaut geblieben war, wo sich Bäume

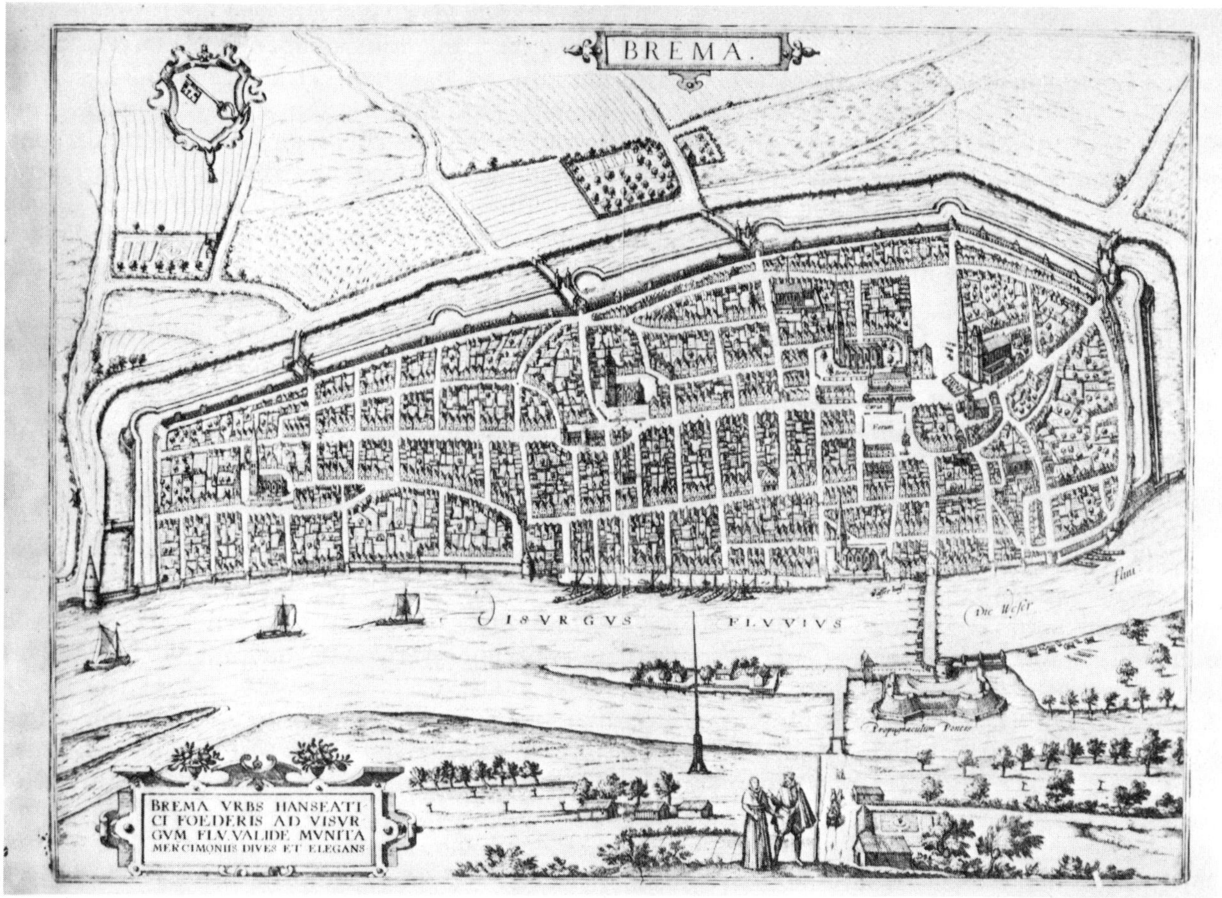

Stadtplan von Bremen. Kupferstich von Franz Hogenberg. 1588/89.

gehalten hatten, muß ein solcher Platz zum Luftschöpfen als eine Kostbarkeit gewürdigt worden sein, wie heute ein Dachgarten inmitten der City moderner Großstädte. Nicht nur war der begrünte Hofraum der spätmittelalterlichen Stadt eine biologische Notwendigkeit, er diente auch als letzte Reserve gegen den Hunger, der in Kriegs- und Notzeiten die Armen bedrohte.

Die literarischen und philosophischen, die politischen und religiösen Vorstellungen der Welt hatten sich mit der Entdeckung Amerikas, seit der Reformation und dem Aufkommen der Naturwissenschaft grundlegend verändert, doch die Kultur des Gartens konnte in den europäischen Norden nur langsam vordringen. Die Verbesserung der allgemeinen Lebensverhältnisse, wachsender Wohlstand für breite bürgerliche Schichten haben jedoch auch hier allmählich einen Wandel bewirkt.

Spürbar, ablesbar wird das Walten eines auch dem Schönen zugewandten gärtnerischen Geistes in einem Bremen-Plan im Städtebuch von Braun/Hogenberg aus dem Jahre 1588/89. Auf diesem Stadtplan sind im Altstadtgebiet nur noch wenige baumbestandene Gärten angegeben, vornehmlich im Bezirk südlich und östlich des Domes bis zum Wall, vereinzelt auch im St.-Stephani-Viertel. Die Genauigkeit der Hogenbergschen Vorzeichnung bürgt auch für die richtige Wiedergabe einiger Gartenanlagen, in denen die

Spuren des neuen, aus Italien eingedrungenen Gefühls für gestaltete Natur, für das nach ästhetischen Gedanken planvoll gelenkte Wachstum zu erkennen sind. Es sind große, von Zäunen umfriedete Gärten vor dem Doventor im Norden und vor dem Brauttor auf dem linken Weserufer, auf dem noch unbebauten Gelände der späteren Bremer Neustadt. Inmitten weiter Acker- und Weidelandflächen sind in diesen Gärten rechteckige Beete angelegt, zweifellos der nützliche Teil für den Anbau von Gemüse. Daneben aber in einer betont hervorgehobenen Weise sind auch geometrische Muster mit kreis- oder ringförmigen Mittelbeeten im Gartengrundriß zu entdecken. Bei diesem ersten greifbaren Durchbruch gartenkünstlerischer Ideen in Bremen kann man sich vorstellen, daß dort nicht mehr nur Kohl und Wurzeln gepflanzt worden sind. Der Gartenarchitekt hatte über den Bauern gesiegt, und es bleibt ein bemerkenswerter Hinweis, daß auf der Kartusche dieses Kupferstichs einem Paar von Vasen phantastische Blumen und Blüten entspringen. Diese Anfänge von Garten-Architektur waren Ausdruck eines neuen Lebensgefühls, das nicht mehr nur die Kategorien des Nützlichen kannte, sondern sich in der irdischen Welt ein wenig behaglicher einrichten und wohler fühlen wollte. Der Besitzer eines solchen Gartens mußte nicht mehr sein Feld bestellen, nicht mehr nur für Winter- und Notzeiten Früchte einbringen, um zu überleben. Er wollte an diesem privaten Platz mit den Seinen und mit Freunden lustwandeln, sich erholen, müßig sein – ein Gedanke, der dem bäuerlichen Empfinden völlig fremd sein mußte. Auf dem Kupferstich von Franz Hogenberg ist im Vordergrund ein bremisches Bürgerpaar in vornehmer Kleidung dargestellt, mit Pelzcape, Mantel, Barett und Halskrause geschmückt, sich ergehend in Gottes freier Natur. Hinter ihnen öffnet sich der Blick auf die noch leere Fläche des linken Weserufers und weiter über die Weser auf die Stadt. Sie stellen die Generation vor, die erstmals »nutzlose« Gärten als schöne Gebilde einer veränderten Lebensauffassung empfunden haben mag.

Die Stunde des Gärtners war in Bremen spät gekommen, mit dem gehobenen Lebensstandard, der dem wachsenden Ertrag des Handels zu verdanken war. Den Garten als Luxus nach Überlegungen des Überflüssigen und Schönen zu entwerfen, war ein Gedanke, der im Widerstreit mit dem pragmatischen Sinn der Bremer liegen mußte. Nutzlose Schönheit, Kulturarbeit, die keinen unmittelbaren Gewinn einbringt, hat es in Bremen immer schwer gehabt, nicht aus engstirnigem Renditedenken, sondern schlicht in Erinnerung an den mühseligen Landgewinn.

Die kalvinistische Glaubenshaltung im 16. und 17. Jahrhundert bestärkte diese Neigung zum Nützlichen. Auch die englischen Puritaner hatten die königlichen Gärten verwüstet und wollten zeitweise dort nur noch Gemüse anbauen lassen. Den hartgeprüften Menschen mußte die Anlage von Gärten zum reinen Vergnügen als eine Verschwendung, als Luxus erscheinen. Die hier sich offenbarende Verwandtschaft mit den Holländern hatte jedoch auch eine zweite, dem Gartenwesen holdere Seite. In den Menschen zwischen Rhein und Weser lebte der starke Wunsch, das eintönige Flachland aufzuheitern, dem während vieler Monate grauen, verhängten Himmel irdische Farben durch die Leuchtkraft von Blumen entgegenzusetzen, den Mangel an Bergen und Hügelhorizont durch »künstliche« Mittel wie Bewuchs, Vielfalt an Baumbestand, Abwechslung des Gehölzes auszugleichen. Während es Landschaften gibt, die zum Gärtnern geradezu verlocken, entstand der bremische Garten fast immer gegen die Gegebenheiten des Bodens, des Klimas, der Vorurteile. Es wundert daher nicht, daß die Anfänge bescheiden, zaghaft waren. Die Grundstücke waren meist klein und schmiegten sich an den Schutz des Stadtbereichs. Vor allem aber die den Bremern eigene Abneigung gegen jede Form von Prunksucht und Protzerei lenkte mäßigend die Hand der Gartenplaner. Selbst die reichen Kaufleute, die ihr Vermögen in den »Goldenen Jahren« vor dem Dreißigjährigen Krieg erworben hatten, wollten nicht vor Fremden prahlen: sie öffneten ihre Gärten neben der Familie nur guten Freun-

den, seltener auch einmal auswärtigen Geschäftsfreunden.
Doch die im 17. Jahrhundert entstandenen Anlagen waren immerhin Gärten, nicht mehr nur Baumstücke, Küchen- und Kräuterbeete, sie dienten der Augenfreude und nicht mehr ausschließlich der Magenlust.
Für solche, wenn auch bescheidenen Schaugärten war jedoch innerhalb der Befestigungsanlagen kaum ein Platz zu finden, sie mußten daher außerhalb der Wälle angelegt werden.
Auch hier mußte der bremische Gartenbesitzer von seinem holländischen Nachbarn lernen und mit dem verfügbaren Boden haushalten, an Stelle großzügiger Pläne liebevoll mit Details spielen, das Fehlen weiträumiger Perspektiven durch Bäume, Sträucher und Hecken ausgleichen. Was die holländischen Wohngärten, oft angelehnt an Kanäle, auf diesem Gebiete gärtnerischer Imagination leisteten, lernten die Bremer auf ihren Geschäftsreisen kennen. So begegneten die bremischen Gartenfreunde auch bald dem besonderen Stolz der holländischen Gärtner, der Tulpe, mit ihrer starken Leuchtkraft. Erst 1561 aus dem Orient eingeführt, trat sie von Holland aus ihren Siegeszug durch Europa an. 1565 war sie erstmals in einem Augsburger Patriziergarten erblüht. Mit ihrer dekorativen Wirkung, als geschlossene Masse in einem Beet, als farbige Einfassung oder als Kontrast zu einfarbigem Gebüsch, eroberte sie auch die bremischen Gärten.
Nach den Wünschen, dem Repräsentationsbedürfnis und nach den Launen der fürstlichen Auftraggeber waren die großen Gärten entstanden, die in die Geschichte der europäischen Gartenkunst eingegangen sind. Orte wie die Villa d'Este in Tivoli bei Florenz, die vatikanischen Gärten in Rom, das königliche Fontainebleau bei Paris oder Hampton Court bei London bildeten Mittelpunkte der Stilentwicklung, in denen sich Kunst und Natur zum Ruhme der Hocharistokratie verbünden sollten. Den Königen und Landesherrn eiferten die europäischen Adeligen auf ihren Schlössern und Landsitzen nach und suchten sich gegenseitig mit Gartenerfindungen und -verwirklichungen zu übertreffen.
In Bremen fehlte das Vorbild eines solchen Herren-Gartens, fehlte die Anleitung, den Garten als Bühne zur Selbstdarstellung zu benutzen. Die einstigen Landesherren, die Erzbischöfe, blieben schon im ausgehenden Mittelalter meist nur für kurze Zeit in der engen und ihnen oft feindselig gesonnenen Stadt und hatten ihre Hofhaltung nach ihrer Residenz in Bremervörde verlegt. So gab es keinen Mittelpunkt gesellschaftlichen Lebens, den Auftritt des Rates oder des Collegiums Seniorum, der Führer der Kaufmannschaft, ausgenommen. Die Bürgermeister und Ratsherren oder die Elterleute waren von Bürgergremien und Kaufleuten gewählte, zwar hochangesehene honorige Leute, aber doch meistens bemüht, ihren Reichtum vorsichtig zu verbergen, um kritischen Mitbürgern keinen Anlaß zum Neid zu bieten. Von ihnen waren kaum Impulse für modische Neuheiten zu erwarten, sie schufen keine öffentlichen Gärten, sondern nur ihre kleinen privaten Paradiese.

Ausbruch aus der Enge

Die wachsende Bevölkerungszahl Bremens hatte schon im 16. Jahrhundert zu unerträglichen Verhältnissen in der Altstadt geführt. Doch waren es nicht soziale Überlegungen, nicht die Rücksicht auf die schlimmen Wohnbedingungen der Armen, die zur großen Idee der Stadterweiterung führten, sondern Fragen der Sicherheitspolitik. Ende des 16. Jahrhunderts konzipiert, wurde der Gedanke einer neuen Stadtanlage auf dem linken Weserufer in den Jahrzehnten vor dem 30jährigen Krieg verwirklicht, ein gewaltiges Vorhaben, wie es nur unter äußerstem Zwang in Angriff genommen wird. Durch die enorm verbesserte Reichweite der Artillerie war die ungeschützte Weserseite der Stadt bedroht. Es galt daher, ein ausreichend tiefes Vorfeld gegenüber der Südseite auf dem jenseitigen Flußufer in die Verteidigungsanlagen einzubeziehen. Die bösen Erfahrungen im Schmalkaldischen Krieg (1546/47) waren noch in Erinnerung. Der Rat entschloß sich nach Einholen von Gutachten und Voranschlägen, den holländischen Festungsbauer Johan van Valckenburgh 1618 mit der Leitung der Bauarbeiten zu beauftragen. 1623 wurde die Arbeit begonnen und im Laufe von fünf Jahren vollendet. Die nach neuesten fortifikatorischen Zwecken angelegten, durch flankierende Bastionen verstärkten Wälle umschlossen ein Gebiet, das so groß war wie die in sieben Jahrhunderten langsam gewachsene Altstadt, doch das neue Stadtgebiet hatte zunächst nur wenige Einwohner. Zwar wurden großzügig Straßen abgesteckt und anfänglich sogar nach holländischem Vorbild Wasserstraßen, Grachten, vorgesehen, aber für Jahrzehnte blieben die weiten Flächen Wiesen, nur auf dem Pergament der Planzeichnungen als städtischer Bezirk ausgewiesen. Doch der neue »Süderort« jenseits des Flusses wurde für die bremischen Gartenliebhaber ein Wunschland, ein Eden, Ziel aller gärtnerischen Träume.

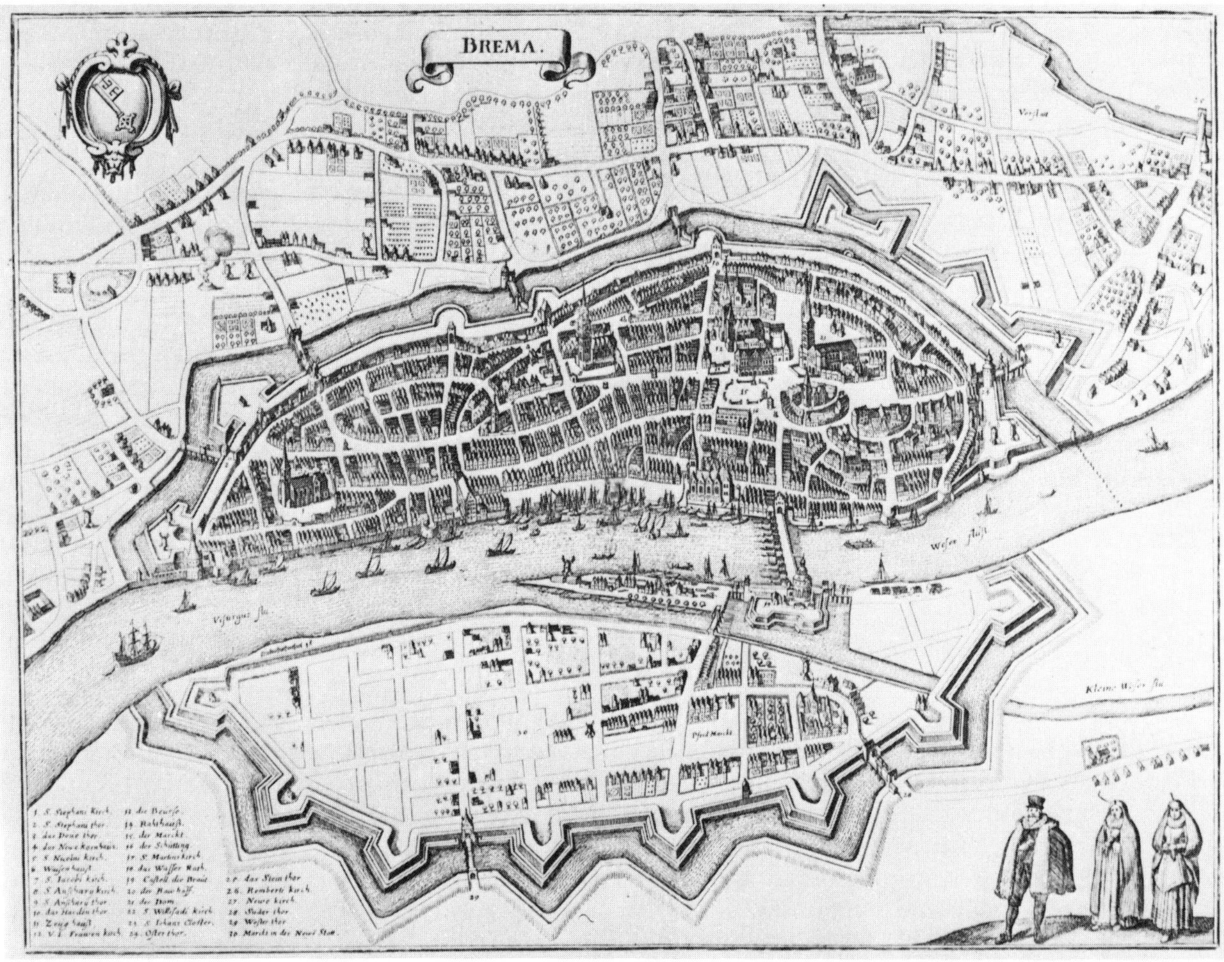

Stadtplan von Bremen mit den neuen Befestigungen. Kupferstich von Matthäus Merian. 1641.

Neustadt-Gärten

Die Beschaffenheit des Süderorts forderte allerdings zunächst mehr die Eigenschaften des Deichbauers heraus als die des Gärtners. Mühsam mußte das Gelände entwässert und gegen Überschwemmungen geschützt werden. Die Hochwasser der Weser blieben lange siegreich. Die bremische Bürgerschaft mußte noch 1638 besorgt vermerken, »*daß die Neustadt zu jedermanns Despekt und nicht geringer Verwunderung den Winter über im Wasser schwimme, des Sommers aber mit Schafen, Schweinen und Kühen bestellt sei*«. Darum sollten steuerliche Vorteile und rechtliche Vergünstigungen Bewohner anlocken, deren Zahl bis zur Mitte des 18. Jahrhunderts auf 6000–7000 anstieg. Im westlichen Teil der Neustadt breiteten sich immer mehr Gartenanlagen aus, deren Eigentümer nicht Neustädter Bürger waren, sondern altstädtische Gartenfreunde, die hier endlich ihre gärtnerischen Träume verwirklichen konnten, was ihnen in der Enge ihrer städtischen Heimstatt verwehrt geblieben war. Dort behielten sie ihre Wohnung, allein schon wegen der damit verbundenen Vorrechte, z. B. der Wahlfähigkeit in den Rat oder der Erlangung städtischer Ehrenämter. In der Neustadt dagegen fanden sie ihre Sommerfreuden. Die Grundstücke waren billig zu haben, dadurch keineswegs nur der besitzenden Schicht zugänglich. So wurden große und auch kleine Gärten angelegt und je nach Vermögen und Geschmack elegante Sommerhäuser oder schlichte Gartenhüttchen errichtet. Waren sie Bürger der verschiedensten Stände und Klassen, so waren sie auch Gärtner mit den verschiedensten Zielen, die einen kamen, um frisches Gemüse und Obst zu produzieren, die anderen, um einen Ort des reinen Vergnügens zu finden. Der nützliche Zweig bremischer Gartenkunst hat sicher die reicheren Früchte getragen, im wörtlichen Sinne. Auf den Speisekarten des Jahrhunderts zwischen dem Dreißigjährigen und dem Siebenjährigen Kriege erschienen als Neuheiten, häufig als Luxusartikel bestaunt, aber zumeist eigenen gärtnerischen Mühen abgewonnen, Blumenkohl, Spargel, Melonen, Erdbeeren, Artischocken und edle Obstsorten, sie verfeinerten die sonst auch im städtischen Haushalt ländlich-derbe Kost. Neben den Neustädter Nutzgärten, die »etwas einbrachten«, begründeten den Ruhm der begrünten Neustadt aber nicht minder jene Gärten, die Kosten verursachten, ohne Gewinn abzuwerfen. Zwischen diesen Gattungen verlief eine feine Grenze, sie war nicht einmal für alle Zeiten festgelegt. Sie konnte sich, wie wir selbst in Kriegszeiten erlebt haben, sehr schnell verschieben, hin zum Ursprung aller Landwirtschaft, nämlich Not abzuwenden und Ernte für hungrige Münder einzubringen.

Wenn auch mehrfach Kriegswolken über Bremen dahinzogen, im 18. Jahrhundert und noch einmal in der Franzosenzeit, in den Gärten jenseits der Weser blühten die Obstbäume und Blumenbeete immer üppiger. Der Weg über die Weserbrücke oder über die Fähre an der Schlachte war ein Teil des Vergnügens, das zum Lebenszeremoniell als einem Stück des Wochenplans gehörte, von Vorfreude beflügelt.

In seinen »Episoden aus der Cultur-Geschichte der freien Reichs-Stadt Bremen«, in denen der Geist des Biedermeier und sogar noch ein Hauch des fernen Rokoko zu ahnen sind, hat Johann Georg Kohl 1871 diese Pilgerfahrten zum »Neustadt-Garten« beschrieben: »*Zu ihrem Garten in der Neustadt begaben sie sich des Sonntags nach der Nachmittags-Predigt und ruhten dort mit ihren Frauen, Freunden und Kindern im traulichen Kreise, die reinsten Freuden des Lebens genießend, aus. Da hatten sie nun wohl einige Garteninstrumente, eine schön grün bemalte Gießkanne, Spaten und Harke, vergnügten sich als Gärtner und Blumenfreunde und zogen ihre eigenen Bohnen oder Erbsen, Levkojen, Nelken und aus Holland gekommenen Hyacinthen. Manche hatten auch ihr Positiv [kleine Standorgel] draußen im Neustadt-Garten, dazu vielleicht ein kleines Naturalien-Cabinet oder eine Insekten-Sammlung angelegt, zuweilen das Gartenhaus auch mit einigen Rembrandts und Kupferstichen geschmückt. Für solche Dinge war in dem alten Hause in der Altstadt, das mehr einem Waarenspeicher glich… wenig Platz. Und so wurden denn in den Gartenhäusern der Neustadt Natur- und Kunstsinn zugleich geübt...«* Kohl erzählt weiter, daß auch den Kindern ihr *»eigenes kleines Terrain zugetheilt wurde, das sie für sich bepflanzen durften, und aus dieser frühen Begegnung mit den stillen Kräften der Natur sind Bremen später bedeutende Naturforscher wie Olbers, Albers, Treviranus und andere erwachsen, die alle in ihrer Kindheit mit ihren Eltern zu den Gärten in der Neustadt hinausgefahren oder gewandert sind...«*

Große Allee in der Neustadt, vom Deich aus gesehen. Kupferstich von J. H. Grönninger. 1773.

Aus Sumpf, brackigem Gelände und Viehweiden war die Neustadt entstanden. Von dieser Leistung der Gartenfreunde ist nichts erhalten geblieben als die nachdenkliche Erinnerung: *»Der öde Neulandsbezirk der Stadt war mit eifernder Liebe zu einem heiteren Gartenbereich gestaltet worden«,* wie zurückblickend Gustav Brandes in seiner bremischen Garten-Geschichte schrieb. Bäume und Alleen, Gärten und Pavillons, Beete und Hecken sind der Bebauung zum Opfer gefallen, Fabriken, Eisenbahnanlagen, Hafenbauten traten in der 2. Hälfte des 19. Jahrhunderts an die Stelle gärtnerischer Idylle. Nur in einigen Ansichten des 18. Jahrhunderts ist noch ein Abglanz von der Besonderheit der »Alten Neustadt« eingefangen.
Auf einem nach 1773 entstandenen Kupferstich von Johann Heinrich Grönninger, der einen Blick vom Deich aus in die Große Allee bietet, werden links hinter den Alleebäumen das Gartenhäuschen, die geschnittenen Hecken und Gartenskulpturen des Eltermanns Peter Wichelhausen sichtbar.

Die neustädtische Sehenswürdigkeit

Auch wenn dieser einst als Miraculum gerühmte Garten längst verschwunden ist, als gartenhistorisches Denkmal wenigstens ist er in einer ausführlichen Beschreibung erhalten geblieben. Der Gartenbesitzer, ein wohlhabender Kaufmann, Mitglied des Collegium Seniorum, gehörte zu den Adepten der neuen Passion für den geschmückten Garten, in dem die Natur künstlich bereichert wird. Auf Anforderung des Herausgebers des bekannten, in Kiel erscheinenden »Gartenkalenders«, Professor C. C. L. Hirschfeld, verfaßte Wichelhausen einen eingehenden Bericht, der 1783 veröffentlicht wurde. Solche Beschreibungen, von Eigentümern und Fachleuten geschrieben, erschienen in dem Kalender neben Besprechungen der jeweils neuesten Fachliteratur, der »Baum- und Pflanzenzucht-Nachrichten«. Wichelhausen stellt sich in dem Aufsatz zunächst selbst den Lesern vor und bezeichnet seinen Garten ausdrücklich als seine Nebenbeschäftigung, als seine »Puppe«. Heute würde man das »Hobby« nennen, was im Englischen ursprünglich »Steckenpferd« bedeutet. *»Ich habe ambiret [den Ehrgeiz gehabt]«,* schreibt Wichelhausen, *»durch neue Erfindungen etwas in renomée zu setzen«.* Vor allem rühmte der Gartenfreund den hohen Grad der naturwissenschaftlichen Durchdringung seiner Liebhaberei, *»inmaßen ich mit zu dem kürzlich hier errichteten Physikalischen Institut gehöre«.* Er erläutert dieses Selbstlob damit, daß er ein probates Mittel anführt, wie man Maulwürfe mit Schornsteinruß bekämpfen könne. Dann folgen detaillierte Angaben über Größe des Grundstücks, Himmelsrichtung usw. *»Die Lage des Gartens ist nahe an dem Weserstrohme, da wo die über den Fluß fahrenden Personen anländen, auf dem sogenannten Deich der Neustadt, daß also ein ganz herrlicher Pro-*

spekt vorhanden ist.« Sodann führt der stolze Gärtner seine »Puppe« in allen Einzelheiten vor: *»vorne liegen Luststükke von circa 100 Fuß Breite und cirka 35 Fuß tief, ausgeziert mit seltenen Steinwerken, Drusten, Mineralien, große Conchilien, Vasen, Seegewäxen und anderen seltenen Sachen, entremeliert mit Blumenstükken.«* Diesem Entree folgen Hecken und gewundene Laubengänge, gebildet aus fruchttragenden Spalieren. Ein Hauptanziehungspunkt ist *»ein eyserner, durchsichtiger Pavillon, 22 Fuß hoch, ruhend auf vier starken eysernen Pfeilern, 12 Fuß Durchmesser ... mit einer Menge versilberter Glaskugeln, vier couleurigten [vielfarbigen] Klökgen und anderen passenden Sachen ausgeziert, welches alles des frühen morgens beim Aufsteigen der Sonne einen prächtigen illuminierten Glanz von sich wirft.«* Dazu enthält der Garten eine Unmenge von Büsten von *»Kaysern, Philosophen und Antiquen«*, in weiteren Pavillons *»Globen mit Spheren von Muschelwerk«*, Fenster mit bunten venezianischem Glas, optische Instrumente, Statuen des Herkules und der Mediceischen Venus, Ligusterpforten, corinthische Säulen, chinesische Türme, Pyramiden aus Marmor, gemalte und mit Muscheln besetzte Prospekte, Glockenspiel, Brunnen und Wasserspiele, die beleuchtet werden können, eine *»sich erhebende immer in der Lufft seitwärts des strahls spielende centrifuga Kugel«* und viele andere Kuriositäten. Eine besondere Attraktion bildete *»eine Menagerie von 74 Stück auf starken eysenblech in Lebensgröße gemahlte wilde und zahme Tiere«*.

In seiner Mischung aus Schau- und Nutzgarten, Panoptikum und Naturalienkabinett, Antiquarium und technischer Spielerei stand das Werk des wunderlichen Eltermanns für etwas damals – 1783 – schon Überholtes. Es war ein Monstrum an Einfällen und Kontrasten, ein Triumph der Accessoires über die Natur, possierlich wie Tanzbären und gezähmte Äffchen, ein Irrgarten sich überschlagender Phantasie, gekünstelt anstatt kunstvoll zu sein.

Als Anachronismus erschien schon dem Herausgeber des Kalenders wie sicher den meisten seiner Leser der Neustädter Wundergarten am Weserdeich. Doch Professor Hirschfeld druckte den Bericht wörtlich ab, *»um von dem Original nichts umkommen zu lassen«*, wie er ein wenig ironisch bemerkt. Johann Georg Kohl, der das Ganze genüßlich in den erwähnten »Episoden« abdruckt, kann nicht umhin, wehmütig hinzufügen: *»In Bremen bestand der Garten des Herrn Aeltermann P. W. blos bis zum Jahre 1810. Ob dieser treffliche alte Herr es nicht als ein Zeichen wiederkehrender Barbarei betrachten würde, wenn er hören könnte, daß jetzt auf derselben Stelle, wo er seine ›Puppe‹ von Garten und alle seine ›natürlichen Erfindungen‹ zum Ruhm seiner Stadt Bremen ausgestellt hatte, ein ziemlich wenig ästhetisches Etablissement, nämlich eine große Bierfabrik, Posto gefaßt hat?«* Ohne diese Zerstörung seines Lebenswerkes erlebt zu haben, würde Herr Wichelhausen jedoch über den wankelmütigen Geschmack seiner jüngeren Zeitgenossen den Kopf geschüttelt haben. Hatten nicht lange Zeit *»alle durch unsere Stadt passirenden Fremden hohen und Mittelstandes etwas Angenehmes geglaubt, in meinem Garten entdeckt zu haben«* – das Tempora mutantur des beginnenden Maschinenzeitalters hatte auch die Gärten verwandelt.

Der gebildete Gärtner

Neben den Gartenfreund, den es schlicht gelüstete, den Boden zu bestellen, zu graben und zu säen, zu jäten und zu ernten, ihm Blüten oder Früchte abzuringen und sich dabei auf das Tun und Können zu verlassen, das von Generation zu Generation weitergegeben wurde, trat im 18. Jahrhundert ein neuer Typ, der gebildete Gärtner. Gärtnern war in Mode gekommen. Gelehrte Gesellschaften zur Verbreitung von Gartenwissenschaft wurden gegründet, die sich mit der Erforschung der Pflanzenwelt beschäftigten und Zeitschriften herausgaben wie die berühmte

Royal Society in England. In diesen Kreisen wurden auch neue Züchtungen kreiert, wurden Importe und Pflanzversuche besprochen, theoretische Erkenntnisse praktisch erprobt. Botanik war in aller Leute Munde, als Carl von Linné (1707–78) seit 1745 seine großen Werke erscheinen ließ, die den Gattungen und Arten ihre Ordnungen und ihre Namen schenkten.

Auch in Bremen wuchs das Interesse für eigenartige Bäume und Sträucher. Kenntnisse, die ehemals nur Gelehrten vorbehalten waren, wurden zur allgemeinen Ergötzung und Unterhaltung der gebildeten Stände. Wer sich bisher auf den Import von Blumenzwiebeln beschränkt hatte, auf holländische Tulpen und Hyazinthen oder Nelken, orderte bald auch große Bäume und Sträucher.

1779 erschien in Bremen das *»Verzeichnis von in- und ausländischen Bäumen, Sträuchern, Pflanzen und Saamen, nebst Anmerkungen über Wachstum, Wartung und Wärme nach ihrem Vaterlande und unserem Himmelsstrich, so zu bekommen bey Jo. Nic. Buek, Kauf- und Handelsgärtner in Hamburg«*, über das es in der Rezension heißt: *»Die Gewächse sind allesamt nach dem Linné. Dis ist der erste deutsche Gärtnerkatalog, der so eingerichtet ist, wie er eingerichtet seyn muß!«*

Bald gehören zur Gartenleidenschaft auch Gewächshäuser. Was den Fürsten in ihren »Orangerien« recht war, erschien den gartenfrohen Bürgern in ihren einfachen Glashäusern nunmehr billig. Es war auch unter Kaufleuten »standesgemäß«, Orangenbäumchen, Lorbeer, Granatäpfel, Myrten im Lustgarten zu hegen und im Gewächshaus überwintern zu lassen. Die Freude an der Mode der »welschen« Bäume wurde durch die Vielzahl naturkundlich belehrender und schön illustrierter Abbildungswerke genährt. Beim Verkauf eines Vorwerks in Gröpelingen wurden u. a. folgende Gewächse angeboten, in denen auch erhebliche Geldwerte steckten: *»7 Kronenlorbeerbäume, 1 Laurustinus, 5 große Myrtenbäume, 18 große fruchttragende Pomeranzenbäume, 8 Zitronenbäume, 6 Apfel-China-Bäume, 1 Laureander, 4 Orangenbäume in großen hölzernen Dobben [Bottichen] und weitere 79 Gewächse dieser Sorten in großen und kleinen Steintöpfen...«*, so daß die Gröpelinger Orangerie zusammen 129 Pflanzen umfaßte.

Gärten in der Vorstadt

Einen empfindlichen Nachteil hatten die bremischen Gärten, die außerhalb der Stadtmauern lagen – sie waren nach Einbruch der Dunkelheit nicht mehr zugänglich. Kam der Abend, wurden alle Tore und Pforten geschlossen und die Schlüssel von Amtspersonen in Gewahrsam genommen. Die Einschränkung hatte die Anlage von Gärten in der Neustadt begünstigt, da diese ja innerhalb des Verteidigungsringes lagen. Erst 1767 verbesserte sich die Lage auch für die zahlreichen Gärtner in den Vororten vor der Altstadt. Die »Torsperre« wurde eingeführt, das bedeutete, daß man je nach der Abendstunde gegen eine gestaffelte Gebühr sich das Tor aufsperren lassen konnte. Viele der Gartenbesitzer machten sich diesen Vorteil zunutze, doch mit der Zeit wurde die Abgabe als lästig empfunden, und als sie 1811 von der französischen Verwaltung abgeschafft wurde, gehörte die Aufhebung der Torsperre zu den wenigen als positiv empfundenen Maßnahmen der Besatzungsmacht. Nach den Freiheitskriegen, 1814, wurde sie wieder eingerichtet und erst 1848 fiel sie endgültig dem allgemeinen Freiheitsdrang zum Opfer.

Daß die Tore abends noch einmal geöffnet werden konnten, hatte seit 1767 die Anlage neuer Gärten in den Vorstädten gefördert. Wenn sie auch durch die Ausdehnung der Stadt nach der Mitte des 19. Jahrhunderts weitgehend ausgelöscht wurden und ihre verschwiegene stille Schönheit nur noch geahnt werden kann, diese Vorstadtgärten gehören zu einem der schönsten Kapitel der bremischen »grünen Passion«. Keiner der Gärten zeugte vom »großen Wurf« eines

Gartenarchitekten, keiner war vom stilistischen Wollen oder Können eines hervorragenden Planers geprägt, aber in diesen privaten, von Hecken dicht umschlossenen Gehegen vor dem Ostertor, dem Herdentor oder dem Doventor entfaltete sich sehr intensiv das Familienleben, dort fanden oft die traditionellen Familientage statt. In den Beschreibungen werden die geschnittenen Hainbuchen besonders erwähnt, auch Taxus und Buchsbaum, die sich vorzüglich für den figürlichen Schnitt eigneten, als Tiergestalten, als Pyramide, »geringelte Schlange« und ähnliches. Heutzutage sind diese Gebilde, wie sie seit der Antike geschätzt wurden und in südländischen Gärten eine merkwürdige Kunstnatur oder Naturkunst hervorgebracht hatten, fast ganz verschwunden, wenn sie auch als Spielformen domestizierter Natur in Haus- und Schrebergärten immer noch gedeihen. Die vorstädtischen Gärten bargen wie jene in der Neustadt eine Fülle von Details, wie Gustav Brandes sie in seinem Kapitel »Aus alten Beschreibungen« auf Grund der sog. »Anschläge« aufgeführt hat, das waren die Verzeichnisse beim Verkauf von Häusern und bebauten Grundstücken und Gärten. Die Zahl und Art der Obstbäume wird angegeben, Brunnen, Skulpturen, Sonnenuhren werden genau aufgeführt. Wenn das Vermögen für Bildwerke aus Marmor oder Stein nicht ausreichte, so mußten ausgeschnittene und bemalte Bretter, Modefigurinen, Dienerschaft und Tiere darstellend, als preiswerte Ersatz-Staffage an ihre Stelle treten.

Den aparten Fremdlingen unter den Bäumen und Sträuchern wurde neben den heimischen Obstbäumen ein gebührender Platz eingeräumt. In einem ebenfalls von Brandes erwähnten »Lustgarten« werden neben Äpfeln, Birnen, Zwetschen und Pflaumen auch Kirschen, Pfirsiche, Aprikosen und sogar Weinstöcke aufgezählt. Wenn ein Lusthaus, ein Pavillon, nicht erreichbar war, dann erschien eine einfache hölzerne Laube mit Tisch und Bänken dem bescheidener bemittelten Gartenbesitzer bereits als Himmel auf Erden. Was die Bremer über ihre sonstigen Vermögensverhältnisse aussagten, galt auch für den Gartenbesitz: *»Über Geld spricht man nicht, Geld hat man,«* hier galt diese Devise um so mehr, als es sich um das Privatissimum der häuslichen Welt handelte.

Den Zauber jener alten Gärten beschreibt die Textstelle aus dem Kunstmärchen »Stumme Liebe« von J. K. A. Musäus (1735–1782):

»... nimm Schippe und Spaten auf Deine Schulter, gehe aus von der Mattenburg (Schnoor) über die Tieber rechter Hand, nach der Balgenbrücke, an dem Johanniskloster hin, bis zum großen Roland. Dann nimm deinen Weg über den Domshof durch den Schüsselkorb, daß du gelangest außer der Stadt an einen Garten, der das Merkzeichen hat, daß eine Steige von vier steinernen Stufen von der Straße hinunter zu dessen Eingang führet. Harre hier abseits, im Verborgenen, bis die Mondsichel dir leuchtet: dann stemme dich mit Manneskraft gegen die leicht verwahrte Tür, die dir nur schwach widerstehen wird. Tritt getrost ein in den Garten, und wende dich nach dem Traubengeländer, das den Bogengang beschattet, hinter demselben linker Hand überragt ein hoher Apfelbaum das niedrige Gebüsch, tritt an den Stamm dieses Baumes, das Angesicht gerade gegen den Mond gekehret, schaue drei Ellen breit vor dich auf die Erde, so wirst du zwei Zimtrosensträuche erblicken, dort schlage ein und grabe drei Spannen tief, bis du eine steinerne Platte findest, darunter liegt der Schatz begraben, in einer eisernen Truhe voll Gold und Geldeswert ...« Auch ohne Gold zu heben, hatten die bremischen Gartenfreunde ihren Schatz im Vorstadtgarten längst gefunden.

Ideen aus England

Auch wenn im allgemeinen die Bremer sich von etwaiger, noch dazu von außen kommender Kritik kaum beirren lassen, drangen im ausgehenden 18. Jahrhundert doch die neuen Ideen der Gartenkunst auch in die Hansestadt ein. Schon in der Ausgabe des »Gartenkalenders« von 1782, die der erwähnten Schilderung des Rokoko-Gartens des Peter Wichelhausen vorangegangen war, konnte ein aufmerksamer Gartenfreund das neue Programm kennenlernen, in einem kurzen Bericht über den neuen Park in Schwetzingen, den der bayrische Kurfürst Karl Theodor durch den Gartenkünstler Friedrich Ludwig von Sckell seit 1775 hatte umgestalten lassen: *»...jeder Freund des reinen Gartengeschmacks ist auf die Ausführung aufmerksam; denn hier kann ein dauerhaftes Denkmal ächter deutscher Gartenkunst, gleich frey von sclavischer Nachahmung des Britten, als von steiffer französischer Baukünstlersymmetrie zum Ruhm der Pfalz errichtet werden. Jedes Wunderwerk unnatürlicher Pracht, jeder Überfluß von Statuen, Vasen und anderen Verzierungen der Kunst, jedes Kabinet, Theater und anderes laubigtes Architecturwerk verschwinde, und mache Raum für frische Hayne, freye Gruppen und Lustgebüsche, von hellen rieselnden Bächen belebt, für Rasen von Blumen umkränzt, für wechselnde Anhöhen und Niedrigungen, mit der ganzen Mannigfaltigkeit von Aussichten bereichert...«* Hier war die Absage an die nach geometrischen Mustern angelegten, kunstvoll getrimmten Gärten formuliert, die nach französischen Vorbildern überall in Europa angelegt worden waren.

Englische Garten-Philosophen machten sich als erste mit den revolutionären Gedanken vertraut, die den »natürlichen Garten« forderten. Francis Bacon lehnte schon um 1620 im Entwurf eines Idealgartens jeden Baumverschnitt ab, in die Anlage wurden sogar Wildgehölze und Dickichte von Heckenrosen eingefügt. Der Earl of Shaftesbury hatte zuerst vom »Landschaftsgarten« geschrieben, in dem kein grundsätzlicher Gegensatz zwischen Garten und Landschaft, zwischen Gewachsenem und Gestaltetem mehr besteht. Die große »Gartenrevolution«, wie Derek Clifford in seiner 1962 erschienenen Schrift »History of Garden Design« den Durchbruch der neuen Ideen bezeichnet hat, breitete sich in Europa so schnell aus, weil sie der veränderten Einstellung des Menschen zur Natur am klarsten Ausdruck gab. Der ästhetische Wert der Landschaft wurde damals neu entdeckt. Dennoch hatten sich die Gärtner – Theoretiker wie Praktiker – die Aufgabe gesetzt, die Natur zu »veredeln«, sie in ihren natürlichen Möglichkeiten zu vertiefen und eine reiche Skala von Empfindungen durch ihre Gestaltung hervorzurufen. So sollte der landschaftliche Garten etwa Staunen, Heiterkeit, Wehmut oder Zufriedenheit im Gemüt des Besuchers auslösen. Dagegen sollte die Anlage selbst nicht mehr nach architektonischen, baukünstlerischen Entwürfen geplant werden.

Senator Dr. Albert Hermann erwähnte in seiner Beschreibung des Ende des 18. Jahrhunderts umgestalteten, in der Nähe des Ostertors gelegenen väterlichen Gartens ausdrücklich, daß *»die sogenannten englischen Anlagen selbst in England noch neu seien und die steifen französischen nicht verdrängt, vielmehr sich nur daneben eingedrängt hätten«.* Auf dem erhaltenen Plan dieses Gartens läßt sich das Nebeneinander leicht ablesen, Blumenrabatten und Muschelbeete, geschlängelte Wege, ein romantischer Fischteich und ein Freilichttheaterchen aus geschnittenen Hagedornhecken. Auch enthielt der Garten noch das vertraute Rokoko-Zubehör, Bogengänge aus gestutzten Linden, versilberte und vergoldete Glocken, *»prachtvoll anzuschauen, wenn sie, von der Sonne beleuchtet, im Winde schwankten«,* Gartenskulpturen meist allegorischer Art, einen Laokoon aus Gips und *»die vier Jahreszeiten, erschrecklich dicke fidele Jungen, aus Ton gebacken«.* Diese Ausstattungsstücke, an denen Peter Wichelhausen seine Freude gehabt hätte, wurden beseitigt, nachdem ein schwerer Deichbruch in Hastedt den Post'schen Garten verwüstet hatte. Bei seiner Wiederherstellung wirkte Altmann mit, dem Bremen entscheidende gartenkünstlerische Leistungen zu verdanken hatte.

Ausflug zu den Vorwerken

In Bremen hießen die ehemals befestigten Adelssitze außerhalb der Stadtgrenzen Vorwerke, sie waren schon seit dem 14. Jahrhundert unter die Hoheit des Rates und in den Besitz des städtischen Patriziats gelangt. Die festen Häuser der Ritter wurden landwirtschaftlich genutzt. Wegen der unsicheren Zeiten waren sie durch Gräben und Wasserläufe geschützt. Zu den ehemals befestigten Plätzen dieser Art zählt Gustav Brandes im Westen das Gut Walle im Werderland, das Gut Riensberg an der Grenze zum Hollerland, den Erbrichterhof in Borgfeld, Gut Hodenberg in Oberneuland, das Adamische Gut in Sebaldsbrück, das Gut zum Schorf in Horn, das Landgut Kriete in Tenever und Gut Grolland. Schloß Schönebeck, seit 1682 im Besitz der Familie von der Borch, lag ursprünglich außerhalb des bremischen Staatsgebietes

Von den erwähnten Vorwerken ist nur noch das ehemalige Gut Riensberg übrig geblieben, dessen Gebäude seit 1953 in das Landesmuseum für Kunst- und Kulturgeschichte (Focke-Museum) eingegliedert sind. Der noch erhaltene Wassergraben ist ein Rest der mittelalterlichen Anlage, die letzte in das bremische Umland eingeschriebene Beurkundung eines befestigten Vorwerks. Vielleicht ebenso alt, manche ein halbes Tausend Jahre erreichend, sind die Eichen, die unmittelbar vor der Pforte des Hauses Riensberg, an der Riensberger Straße und »Unter den Eichen« stehen.

Durch ihre Einbettung in die Landschaft gehört die Gesamtanlage des Riensbergs zu den Perlen bremischer Landschaftskultur, soviel auch benachbarte Bebauung und Verkehr den urwüchsigen Eindruck gemindert haben mögen. Das hier stehende Bauerngehöft war 1768 von Dr. Otto Christian Schöne durch den Anbau eines Querhauses zu einer Sommerwohnung umgebaut worden und diente gleichzeitig dem bäuerlichen Gutsverwalter, dem »Hofmeier«, und seiner Familie als Obdach. Um das Vorwerk – wie um alle übrigen – dehnten sich weite Ländereien und Kämpe für Pferde und Vieh. Der Garten war eingeteilt in Gemüse- und Baumgarten. Dazu kam ein Lustgarten mit Sommerhäuschen. Der Ringgraben um das Gut Riensberg wurde von der Gete bewässert, einem von der Pauliner Marsch zur Kleinen Wümme führenden Wasserlauf.

Die neuen »englischen« Gartenideen erfaßten auch das Idyll am Riensberg, so wurde 1797 das Gelände zwischen dem Herrenhaus und der Schwachhauser Chaussee (jetzt Schwachhauser Heerstraße) parkartig erweitert und von Altmann zu einem »Englischen Garten« umgestaltet. Die Wirkung des Ganzen beruhte auf dem Dreiklang von mächtigen alten Bäumen, weiten Rasen- und Gartenflächen und gewundenen Wasserläufen, ohne künstliche Zutaten und Effekte. Ebenso schlicht war auch das Gutshaus selbst eingerichtet, es entsprach der einfachen Lebensweise, der selbst wohlhabende bremische Familien auf dem Lande anhingen.

Zu den nicht befestigten Landsitzen zählten die Güter der »Großen« und der »Kleinen Dunge« im Werderland. Die »Kleine Dunge« war 1773 vom Pastor Johann Smidt, Pfarrer an der St.-Stephani-Kirche, aus der Erbschaft seiner dritten Frau erworben worden, im Geburtsjahr seines gleichnamigen Sohnes, des späteren bremischen Bürgermeisters. Diesem war die freundliche Seite des Gartenlebens schon als Kind eingeprägt worden, wie es die Enkelin Bernhardine Schulze-Smidt im »Lebensbild eines Hanseaten« 1913

Haus Riensberg. Zeichnung von Stephan Messerer. 1840.

beschrieben hat: *»Draußen schwelgte der alte Pastor und Hausvater in seiner größten Liebhaberei, dem innigen Verkehr mit der Natur. Nicht nur, daß er dort seine behaglichen Sommerferien hielt; – schon vorher, im Frühjahr, pflegte er, zur Zeit des Saftens, sich auf zwei oder drei Tage zwischen den Sonntagen frei zu machen und einsam hinaus zu pilgern, um selbst zu säen, zu pflanzen und Baum und Strauch zu beschneiden. Ebenso im Herbst zur letzten Ernte; zum Schlafenlegen seiner Harlemer Blumenzwiebeln, und zum Eindecken der Nelken und Rosen. Dann nahm er gern sein ›Jantje‹ zum Helfen mit und legte den Keim zur gleichen Natur- und Blumenliebe in das empfängliche Knabengemüt.«*

Sind die Güter auch inzwischen aufgesiedelt und von der nahen Industrie bedrängt, so ist die »Kleine Dunge« doch wenigstens durch ein literarisches Dokument – wie jener berühmte Wichelhausensche Garten am Neustadtsdeich – in der Geschichte der bremischen Gartenkultur verewigt worden. Es sind die Erinnerungen an die Kindheitsfreuden auf diesem Landsitz, die Johann Smidt als Fünfundzwanzigjährigen 1798 veranlaßt hatten, in einem langen Gedicht in Hexametern eines besonderen Ereignisses aus dem Jahre 1782 zu gedenken. Seiner Schwester widmete er das Versepos »Der Familientag zur Dungen. Eine Idylle«. Darin schildert Smidt in liebevoller Kleinmalerei die Gartenwelt eines bremischen Bürgers, dem sich die gärtnerischen Mühen in festliches, von Begeisterung getragenes Wirken verwandeln. Der Stolz des naturkundigen Gartenbesitzers strahlt hell, besonders, wenn der Vater des Sonntags Familie, Freunde und Gäste in den Garten geleitet. *»Erst in den kleinen, der hinter dem Hause sich rückwärts erstreckte,*

Zeigte den Fremden den Baum mit rötlich schimmernden Pfirsichen,

Dann die stattliche Reihe der schönen Bamberger Zwetschen,

Und wie die herrlichste Ernte der Prager Apfelbaum darbot,

Auch der Birnbaum wurde, der prächtige, nicht übergangen.

Nun ging weiter der Zug zum rothen Heck an dem Dornbusch,

Dann den mittelsten Pfad des großen Gartens hinunter.

Herrlich stand das Gemüse zu beiden Seiten, besonders

Schön die türkischen Bohnen; es prüften die Tanten den Vorrath,

Der, in Tonnen bewahrt, bei Wintertagen zu Nutz kommt . . .«

Da wird den Onkeln versprochen, im nächsten Frühjahr Reiser zum Pfropfen zu schicken, mit den Tanten über das Dörren von Birnen diskutiert, da werden Rezepte über die Zubereitung von Rhabarber ausgetauscht, aber auch der Plan eines Aussichtstempelchens auf einem noch zu errichtenden Hügel erörtert. Jugenderinnerungen werfen gewiß einen freundlichen Schein auf das Geschehene und lassen die Sorgen der Zeit, wie auch die Nöte des Gärtners, Frostschaden, Überschwemmungen, Hagelschlag oder Raupenplage, außer acht.

Bei diesem bremischen Idyll aus dem ausgehenden 18. Jahrhundert geht es eben nicht ausschließlich um den Ertrag der Obstbäume und den sonntäglichen Verwandtenbesuch, auch wenn die Zurüstungen und der Ablauf des Familientages den Hauptteil des Erinnerungsgedichtes bilden. Es glänzt nun das wachsende echte Naturgefühl der Epoche auf, der Sinn für die Schönheit der schlichten Umwelt und der Jahreszeiten, Gedanken, die für den Landmann außerhalb seiner Lebensgesetze lagen, ihm fremd bleiben mußten. Der Blick der Menschen auf der »Kleinen Dunge«, und dies galt auch für die anderen bremischen Güter und Vorwerke, ging weit über den Gartenzaun hinaus:

»Etwas ging man noch weiter den Rasen hinauf nach der Ecke,

Die nach Sanct Magnus hinüber
gewährt die freundlichste Aussicht,

Lieblich erstreckten sich da die
waldbewachsenen Hügel

Bis nach Vegesack hin, wo die Lesum fällt in die Weser.«

Ein Garten für jedermann

Sicher haben die turbulenten Zeitläufe, Kriegs- und Besatzungszeiten, auch in Bremen die Sehnsucht nach der friedlichen Stille hinter den Gartenhecken verstärkt. Die politisch proklamierten Freiheits- und Gleichheitsideen gaben dem Wunsch des Bürgers, sich ungehindert im Grünen ergehen und erbauen zu können, starken Auftrieb. Schon 1797 hatte Goethe in seinen Jahresheften vermerkt: *»Eine unwiderstehliche Lust nach dem Land- und Gartenleben hatte damals die Menschen ergriffen. Schiller kaufte einen Garten bei Jena und zog hinaus. Wieland hatte sich in Ossmannstadt angesiedelt. Eine Stunde davon, am rechten Ufer der Ilm, ward in Oberrossla ein kleines Gut verkäuflich, ich hatte Absichten darauf...«* Die Neigung des bremischen Staatsmanns Smidt zur Horticultur war nichts Ungewöhnliches mehr, sondern Teil der erwarteten Gesamtbildung. Selbst Personen »von Stand«, bisher als mit der Hand arbeitende Menschen undenkbar, werden nun als Gärtner in die Literatur eingeführt, wie etwa Goethe in den »Wahlverwandtschaften« einen seiner Helden kennzeichnet: *»Eduard – ein reicher Baron in besten Mannesjahren – beim Pfropfen von Obstbäumen.«* Der Garten jedoch, der nicht nur dem Aristokraten, dem Bürgermeister, dem reichen Landgutsbesitzer sondern jedermann zugänglich sein würde, ihm stand in Bremen und anderen alten Städten ein scheinbar unüberwindliches Hindernis entgegen, ein im Laufe der Jahrhunderte immer dichter gewordenes Geflecht aus Stadtmauern und Befestigungsanlagen mit Wällen und Schanzen, Bollwerken, Bastionen, Geschützstellungen, Wachthäusern und Wassergräben. Zwischen dem wehrhaften Willen und der militärischen Realität wurde spätestens im 18. Jahrhundert das Mißverhältnis offenkundig. Die Artillerie konnte die Anlagen ohne Mühe überschießen. In Bremen wurde bald die Unterlegenheit der kleinen Söldnertruppe und des unzulänglich ausgebildeten Bürgermilitärs gegenüber den großen Berufsheeren der Flächenstaaten deutlich. Die Wälle verfielen, die Anwohner ließen trotz aller Verbote dort Kühe und Schafe weiden und legten in den Befestigungen Gemüsebeete an, obwohl um des freien Schußfelds willen dort weder Zäune, Hecken, Planken, Pfähle, nicht einmal *»türkische Bohnen oder Erbsen, welche man mit Strauchwerk will bestauden«*, geduldet werden sollten. Auf recht unmilitärische Weise wurden die Wälle von Salat- und Gemüsebeeten erobert, auch wohl dort Hühnerställe errichtet und hie und da eine Gartenlaube an die Bastionen angelehnt, kurzum es wurde aus dem martialischen Drohbild eine Szene spitzweghafter Behaglichkeit. Die bösen Zeiten, in denen der Rat und die mit der Verteidigung beauftragten Schottherren kurzerhand ganze Gehöfte und sogar Dorfschaften – z. B. 1666 Woltmershausen – aus militärischen Erwägungen niederbrennen ließen, waren gottlob vorbei. Auch wuchs die Einsicht, daß ein rasch zupackender Gegner sich in den Bastionen sogar festsetzen und von dort aus gegen die Stadt vorgehen könnte. Das Schicksal der jahrhundertealten Befestigungen war damit besiegelt.

Die begrünten Wälle

Der Erkenntnis folgte bald die Tat. Am 30. März 1802 beschlossen Rat und Bürgerkonvent die Aufhebung und den Abbruch der Wälle und ihre Umwandlung in Gartenanlagen. Sie sollten für alle Bürger offen sein. Um diesen entscheidenden Schritt zur Schaffung eines öffentlichen Grüns, des ersten in Bremen, vorzubereiten, wurde eine »Deputation zur Anlegung und Unterhaltung öffentlicher Spaziergänge« eingesetzt, die sogleich geeignete Personen anstellte. Schon im Herbst des Jahres 1802 begannen große Erdbewegungen das Gelände zu verändern.

Die Entfestigung machte rasche Fortschritte, so daß bald die gärtnerische Planung erörtert werden konnte. An ihr hatte zunächst der Herzoglich-Oldenburgische Hofgärtner Christian Ludwig Bosse wesentlichen Anteil. Dieser war in jungen Jahren in Kassel ausgebildet worden, hatte bei der Umwandlung des dortigen Karlsbergs in einen Landschaftspark im romantisch-empfindsamen Stil mitgewirkt und brachte daher »moderne« Überlegungen zum Vorschlag. Seine Pläne verwarfen das von der Deputation konzipierte »steife Alleensystem« und faßten Wall, Stadtgraben und Contrescarpe als Einheit zusammen. Der von der Weser gespeiste, durch Pumpwerke auf Niveau gehaltene Wasserlauf des Stadtgrabens sollte wie bisher als Fluß dem Zickzack der ehemaligen Bastionen folgen, die im 17. Jahrhundert von Johann van Valckenburgh angelegt worden waren. Die stadtseitigen Ufer, der »Wall« und die gegenüberliegende Contrescarpe sollten als *»zwei im Gegensätzlichen wirkende schöne Landschaften«* aufgefaßt werden.

Das Stephanitor. Kolor. Kupferstich von J. T. Weyermann. 1807.

Wie es bei einem solchen riesigen Vorhaben verständlich ist, wurden die Pläne abgewandelt und auch geändert. 1803 wurden die Gärtner Wallbaum und Isaak Hermann Albert Altmann hinzugezogen. Der letztere gewann größeren Einfluß auf die Gesamtleitung, während sich Bosse Ende 1803 zurückzog. Auch gartenkundige Bürger, wie der Arzt Prof. Johann Heineken, nahmen Anteil an der Planung und steuerten Anregungen bei. Als der erste eigentliche Initiator muß aber Ludwig Bosse angesehen werden, dem bei einzelnen Abschnitten Heineken beratend zur Seite stand. Seit 1804 wurde Altmanns Leitung dominierend. Altmann wurde als Sohn eines aus Schlesien nach Bremen eingewanderten Gärtners 1777 in der Neustadt geboren. Er hatte in der väterlichen Gärtnerei gelernt und in seinen Wanderjahren in Europa überall dort Erfahrungen gesammelt, wo Neues entstand. Er war in Potsdam, in Wien und auch in der oldenburgischen Hofgärtnerei in Rastede tätig. Nach Bremen zurückgekehrt, eröffnete er hier ein eigenes Gärtnereigeschäft und war damit schon erfolgreich, als er zur größten gärtnerischen Aufgabe berufen wurde, die seine Heimatstadt zu vergeben hatte. Von den Zeitgenossen wurde Altmann anerkannt als ein Mensch von vielseitiger Befähigung, dabei als still, bescheiden und aufopferungsfähig gerühmt. Er war auch für öffentliche Aufgaben zuständig und arbeitete mit an den Vermessungen und Planzeichnungen der damals neuangelegten Heerstraßen. In den Wallanlagen verwirklichte er energisch die im Grunde einfache Idee Bosses und bewältigte dabei souverän alle kleinlichen oder zaghaften Einwände und vermeintlichen Hemmnisse.

So entstand in knapp anderthalb Jahrzehnten, unterbrochen noch durch die französische Besatzung und die schwere Schäden und Rückschläge verursachenden Kämpfe um Bremen gegen Ende der Freiheitskriege, das gewaltige, die gesamte Altstadt umfassende Werk. Noch immer enthalten die Worte von Gustav Brandes die gültige Laudatio, auch wenn anderthalb Jahrhunderte seitdem manchen Geschmackswandel, manche Irrtümer und Fehler und der Zweite Weltkrieg große Verwüstungen gebracht haben: *»Die Vorbedingungen für landschaftliche Parkgestaltung waren auf dem Gelände der Wälle sehr günstig. Selbst die verhältnismäßig geringe Breite wird kaum erschwerend ins Gewicht gefallen sein, entstanden doch durch den Zickzackverlauf des Grabens und der ihn begleitenden Wege von selbst immer wieder geschlossene Bilder, wobei die Umbiegungen an den Bastionsspitzen jenen ahnungsvollen Schluß des Blickfeldes ergaben, den man so sehr liebte. Durch die Abrundungen der Erdwerke und durch die Ausfüllung der Flankenwinkel erlangte man … die sanft ge-*

schwungenen Linien, die zum Schönheitsideal des landschaftlichen Gartenstils gehörten.« Die Ausnutzung der Höhenunterschiede von der Wallkrone zur Wasserfläche und der platzartigen Areale vor den ehemaligen Stadttoren bildeten weitere meisterliche Akzente in der Konzeption Altmanns.

Für alle Stadtbewohner, arm und reich, alt und jung, war ein jederzeit zugängliches Gartenparadies geschaffen worden, das zum Spazierengehen und Genießen der Landschaft einlud. Man kann sich leicht ausmalen, wie intensiv die Stadt das Wachsen der jungen Bäume und Sträucher verfolgte und wie die Zerstörung beklagt wurde, die der Kampf um das Ostertor 1813 hervorrief. Diese Wunden heilten bald, und die stolze Freude Bremens wird spürbar in der Schilderung Adam Storcks in dem Buch »Ansichten der Freien Hansestadt Bremen und ihrer Umgebungen«, das 1822 erschien. Unter den 16 von Anton Radl geschaffenen vorzüglichen Kupferstichen sind nicht weniger als vier dem neuen Gartenwerk gewidmet: *»Wie aber überhaupt diese Wallanlagen zärtlich gehegt und gepflegt sind, wie sie mit Geschmack und malerischem Sinn geordnet, wie mit Bedacht der Ausblick in die Ferne noch ferner, die Verschlossenheit der Nähe noch verschlossener erscheint, wie das Wasser bald als Fluß, bald als See sich zeigt, bald als ein städtischer Kanal, in welchem sich Häuser und Brükken spiegeln, bald als ein Waldsee, in welchem wildes Gebüsch und hohe Waldbäume sich einsam und still beschauen, und wie, wenn auch wegen des flachen Terrains nicht bewirkt werden konnte, daß das Wasser bald nur gehört, bald nur gesehen werde, doch in anderer Art Alles geschehen ist, das läßt sich nicht ohne Ruhm erwähnen. Und was noch mangelhaft genannt werden könnte, wird mit jedem Tag besser...«*

Die Befreiung von der räumlichen Fessel der alten Festungsanlage hatte Bremen einen einzigartigen neuen Besitz geschenkt. Zum Lobe der Stadt und ihrer Bewohner darf gesagt werden, daß sie sich der Gabe würdig erwiesen und sie gegen alle Gefährdungen, auch gegen eigene Anfechtungen verteidigt haben. Zum erstenmal konnten die Bürger aller Schichten sich an einem gemeinsamen Besitztum erfreuen; die ehemalige Bürgerweide war zwar seit dem Mittelalter Gemeinbesitz gewesen, hatte aber als Weideland doch nur bestimmten Gruppen genützt, denn die Viehhaltung war von Rechten und Vorrechten abhängig gewesen. Zudem wurde das Gelände ständig verkleinert und für Bauzwecke beschnitten.

Die Wallanlagen wurden als die wahre Stadtkrone betrachtet. Sie haben das äußere Stadtgesicht geprägt und bestimmen es nunmehr seit 175 Jahren. Auch entsprach der Schmuck mit Bäumen und Wiesen mehr dem Wesen der Bremer als pompöses architektonisches Prunken an den Zugängen zur Stadt. Eine schmerzliche Einschränkung muß allerdings gemacht werden, mit der Entfestigung im Bereich der Neustadt ist nicht behutsam und vorausschauend umgegangen worden. Zwar wurden auch hier die Verteidigungsanlagen geschleift, doch hielt man eine gärtnerische Umwandlung für unnötig. Die freiwerdenden Flächen wurden nicht »verschönert«, sondern vernachlässigt, teilweise mit Kasernen bebaut, am ehemaligen Hohentor die Gräben planiert, ein Teil der Eisenbahn geopfert, so daß zu Beginn des Zweiten Weltkrieges nur wenig von der alten Substanz übrig geblieben war. Die Neustadt erschien, obzwar bei Beginn der »Entfestigung« schon zwei Jahrhunderte alt, doch nur als notwendiges Übel, ein Stadtteil, der bis 1848 mit geringeren Rechten ausgestattet war als die Altstadt und der bei der Repräsentation kaum berücksichtigt werden mußte. Erst nach dem Zweiten Weltkrieg hat ein gewisser Bewußtseinswandel eingesetzt und eine städtebauliche Gegenbewegung wenigstens Bruchteile vom einstigen Bestand wieder zu gewinnen vermocht.

Selbstbetrachtung im Biedermeier

Die neugeöffneten Spaziergänge um die Altstadt nötigten selbst notorische Kritiker zur Anerkennung. Der äußerst polemische Aufsatz des Schriftstellers Eduard Beuermann (1836), der sonst an keiner bremischen Institution ein gutes Haar läßt, lobte: *»Der Bremer Wall, er ist wirklich eine einzige Merkwürdigkeit, gleicht er doch dem Brautkranz im Haar einer alten Jungfrau. Er ist die einzige Poesie in der langweiligen Prosa der bremischen Natur, ein duftiger Blumenflor auf sandigem Grabe. Der Wall ist ... vielleicht der schönste Garten Deutschlands...«* Der Berichterstatter kann jedoch mit seinen ehemaligen Mitbürgern, wenn sie Naturfreunde waren, nur wenig Kontakt gehabt haben, denn er verkannte ihre Motive gründlich: *»Die große Menge strömt an Sonn- und Feiertagen durch die belaubten Gänge ... ohne anderen Genuß als den des Sehens und Gesehenwerdens ...«* Beuermann mußte eigentlich wissen, daß in der auf Distanz bedachten städtischen Gesellschaft, die sich jeweils auf den engsten Kreis der Familie und Freunde beschränkte, ein solcher Vorwurf eine gänzlich unangebrachte Unterstellung war.

Allee an der Herdentorscontrescarpe. Lithographie von A. v. Lowtzow. 1852.

Bald gehörten die Anlagen zu den besonderen Sehenswürdigkeiten, auf die auch die auswärtigen Besucher, die sie ohnehin nicht verfehlen konnten, hingewiesen wurden. Im »Neuesten Wegweiser durch Bremen und seine Umgebungen«, der 1848 bei Schünemann erschien, hieß es: *»Die Wall-Anlagen verdienen ganz besonders einer Erwähnung, sie sind unstreitig die schönsten Deutschlands und da die Natur wenig für die äußeren Umgebungen Bremens gethan, sind diese Anlagen von umso größeren Werthe. Mit schönen freundlichen Häusern nach der Stadtseite zu besetzt, zieht sich Ihnen gegenüber eine Reihe schöner Linden-, Kastanien- und Akazienbäume hin, sorgfältig gepflegte Blumen-Anlagen, Bosquets und Rasenparthien wechseln mit Gruppen von Plateaus, Eichen-, Birken- und Tannenbäumen und bieten oft sehr überraschende Durchblicke dar. Wasserparthien, dieser nothwendige Bestandteil einer schönen Landschaft fehlen auch nicht, sie trennen die Wall-Anlagen von der freundlichen Contrescarpe, an welcher ein Prachtgebäude neben dem anderen sich erhebt. Von der Altmannshöhe nahe dem Osterthore und dem Stephanithorsberg hat man eine hübsche Aussicht über die Weser hin nach der Neustadt.«*

Der allgemeine Wunsch, möglichst rasch den Schatten der neuen Spazierwege genießen zu können, hatte sicher die Auswahl der Bäume beeinflußt. Die rasch wachsenden Pappeln gewannen so sehr die Oberhand, daß sie schon nach wenigen Jahrzehnten reduziert werden mußten, nicht zuletzt deshalb, weil sich die Bleicher in der Vorstadt über die Fruchtwolle beschwerten, die weithin über ihre ausgelegte Wäsche getrieben wurde. Zu den heimischen Bäumen – Buchen, Eichen, Ahorn, Linden, Eschen, Erlen und Birken – kamen als exotische Raritäten importierte Gewächse wie rote Kastanien, Robinien, ameri-

kanische und kanadische Eichen und Ahorne, später dann Sumpfzypressen, japanische Sophoren, Tulpenbäume, Magnolien, Platanen und die seltenen Ginkgobäume.
Sicherlich hat in jeder Epoche der jeweilige Zeitgeschmack auch auf die Wallanlagen eingewirkt, und der unvermeidliche Wandel hat manche der Attraktionen wieder beseitigt. Die zunächst beabsichtigten zahlreichen »poetischen Höhepunkte«, die zur Einstimmung der Spaziergänger entstehen sollten, sind glücklicherweise verhindert worden, bis auf einige Einfälle, wie den hübschen säulengetragenen Aussichtspavillon auf dem daher sinnigerweise »Tempelberg« genannten Hügel der alten Bastion Meeskenkiste, dem späteren Platz des Stadttheaters. Die Zeit für künstliche Ruinen, Grotten oder Einsiedeleien war jedoch vorüber.

Landsitz vor den Toren

Die in anderthalb Jahrzehnten mächtig fortschreitende gärtnerische Großanlage an der Stelle wüster, verfallener Festungswerke hatte als Anschauungsunterricht und Vorbild allen Naturfreunden mächtigen Auftrieb gegeben. Gewiß haben davon die Kohlhöker, die Gemüsebauern oder die Küchengärtnerinnen in den Vorstädten nicht profitiert. Doch was die Phantasie bedeutender Gärtner im Verein mit Beharrlichkeit in kurzer Zeit erreichen konnte, davon zeugen die Wallanlagen.
Der Drang ins Freie war nicht mehr zu zügeln. Zwar gab es noch immer die »Torsperre«, doch sie hatte den Zugang von innen nach außen und umgekehrt durchlässiger gemacht, denn die Schlagbäume konnten den Bürgern auf Wunsch geöffnet werden. Für die Torwächter und Acciseeinnehmer waren die hübschen klassizistischen Tor- und Wachgebäude am Stephani-, Ansgarii- und am Ostertor wie auch an den Neustadtstoren errichtet und zu einem Schmuck der Stadteingänge geworden.
Der wachsende Wohlstand, der mit dem Eintritt Bremens, seines Handels und seiner Schiffahrt, in die neuen Dimensionen des Weltverkehrs verbunden war, bewirkte auch das Entstehen von »Zweitwohnungen«, von Landsitzen. Dafür reichten die oftmals umgebauten ehemaligen befestigten Vorwerke nicht mehr aus, auch nicht die für die städtischen Ansprüche hergerichteten Bauernhäuser oder Hofmeierkaten in der Umgebung. Eine große Zahl von Neubauten entstand, elegante Landhäuser im klassizistischen Stil, manche bis ins Detail englisch beeinflußt, und englisch geprägt waren auch die neuen, mit diesen Häusern entstehenden Gärten. Sie eröffnen das eigentliche Kapitel der bremischen Parks, da sie nach Idee, Größe und Gestaltung kaum noch Gärten genannt werden können. In seinem Werk »Klassizismus und Romantik in der Baukunst Bremens« hat Rudolf Stein diese Landsitze unter der Überschrift »Die Stadt-Landgüter« eingehend beschrieben. Sie bildeten neben der öffentlichen und offiziellen Präsentation der Wallanlagen eine eindrucksvolle private, bau- und gartenkünstlerische Leistung, darüber hinaus ein bedeutsames Kapitel in der Geschichte der deutschen Gartenkunst.
Anfänge hatte es schon im 18. Jahrhundert gegeben. Um 1755 hatte an der Osterholzer Heerstraße Senator Dr. Hermann Daniel von Büren ein Herrenhaus beginnen lassen, das von seinem Schwiegersohn, Dr. Gerhard Oelrichs, fertiggestellt wurde. Im Stile eines klassisch gemäßigten, strengen Barock errichtet, war das (noch erhaltene) Gebäude der Hauptteil eines Landsitzes, bis es durch eine Schenkung des späteren Besitzers Johann Heinrich Egestorff als Stiftung zu einem Altenheim umgewandelt wurde. Der Bestand alter Eichen als Rest einer achsialen Allee zeugt noch von den barocken Anfängen. An das spätere Rokoko-Parterre erinnern die Gartenskulpturen aus der Werkstatt des vielbeschäftigten bremischen Bildhauers Th. W. Frese. Ende des 18. Jahrhunderts wurde der Garten in einen »englischen« Park umgewandelt.

Ebenfalls aus dem Rokoko stammen die Gartenanlagen des Landguts Heineken in Oberneuland. Aus dem Besitz des Archivars Dr. Hermann von Post war das Gut nach dessen Tod an den Schwiegersohn Dr. Albert Schumacher übergegangen. Zu dessen Zeit ist die großartige Gartenanlage geschaffen worden, deren Grundriß von einem Doppeloval gebildet wird, das von hohen geschnittenen Hainbuchenhecken umstanden ist. In der Querachse des Ovals öffnet sich ein Fernblick in die Weite des offenen Hollerlandes. Diese Anlage war im Geist des Barock als Bühne für den gesellschaftlichen Auftritt gedacht. Doch wird diese Absicht schon überlagert von dem sentimentalen Wunsche, zwischen den hohen grünen Mauern Einsamkeit zu finden, sich auf sich selbst besinnen zu können.

Als der Bürgermeister Christian Abraham Heineken, an den Gut und Park durch Heirat fielen, um 1800 das Hofmeierhaus erbauen ließ, war der strenge Stil des Gartens eigentlich schon überlebt, aber der auf Tradition bedachte Nachbesitzer und seine Nachkommen haben an der Pflege des Parks festgehalten und den alljährlich notwendigen Schnitt der Heckenmauern ermöglicht. Als Kind seiner Zeit hat Heineken freilich dem architektonisch wirkenden Garten einen »modernen« Parkteil mit lockeren, »natürlich« erscheinenden Baumgruppen und gewundenen Wegen anfügen lassen. An dieser Aufgabe hat ebenfalls Altmann mitgewirkt. Wie sein Park als ein bezeichnendes Beispiel für den Übergang des Gartenstils zur englischen Auffassung angesehen werden kann, so mochte Heineken, der 1818 starb, selbst als ein Mensch zwischen den Epochen erscheinen, wie er beschrieben wird in seiner altfränkischen Kleidung, dem Rokokofrack und der Zopffrisur. Und er war doch zugleich ein naturforschender Geist mit pragmatischem Sinn für Realitäten, wie sein Anteil an der Bremischen Kartographie beweist und die scharfe Beobachtungsgabe in seiner handschriftlichen mehrbändigen Chronik.

Aus der Geschichte dieses Gartens ist ablesbar, wie stark sich die führende Gesellschaftsschicht zu Opfern ihrem Besitz gegenüber verpflichtet fühlte, wie sie lieber im persönlichen Bereich äußerst bescheiden blieb, aber auf den stillen Triumph des Beständigen, das sich in Baum und Garten verkörperte, nicht verzichten wollte. Hier sollte der Mittelpunkt für die Familie erhalten bleiben, mehr als im Salon, und am Blühen und Wachsen sollten in jedem neuen Jahre die Freunde teilnehmen dürfen. Gustav Brandes beschließt seine Würdigung des Landguts Heineken daher mit einem Blick auf eine familiäre Begegnung: *»Bis hinauf zur ›Gardinenkutsche‹ und zur ›Vogelstube‹ ist dann das alte Haus mit fröhlichen Gästen belegt. In der Morgenfrühe des ersten Festtages weckt sie schon ein Ständchen, und wenn sie dann auf den schlichten, feinen Stühlen aus Biedermeiers Tagen um den Riesentisch sitzen und ehrfurchtsvoll das kostbare japanische Porzellan und die schönen Gläser aus Urgroßvaters Zeiten bewundern, wenn der Garten sich verschwenderisch darbietet mit all seinen Wundern, dann wird allen das alte Familiengut zum unverlierbaren Erlebnis.«*

Zu den stadtnahen Landgüter gehörten meist auch landwirtschaftliche Betriebe, denn aus Bauernstellen waren die meisten hervorgegangen. Innerhalb der größeren Güter lagen auch die Häuser der »Hofmeier«, der Verwalter, sowie Stallungen für die Pferde und Remisen für die Wagen. Diese benötigte man allein deshalb, weil die Wegeverbindungen zur Stadt schlecht waren. Im Sommer lebten die Familien »draußen«, während das Familienoberhaupt seinen Geschäften nachgehen mußte und sich nur am Wochenende zur Familie gesellen konnte. Wurden Gäste erwartet, mußten Vorbereitungen getroffen werden, wie sie Johann Georg Kohl geschildert hat: *»Zu einer Vergnügungstour nach den schönen Eichenhainen von Oberneuland wurden, wenn sie ganz ausnahmsweise einmal Statt hatten, so große Zurüstungen gemacht, als ginge es zu einer Reise. Beile und Stricke wurden in den Wagen gelegt, auch sonst noch allerlei Vorsichtsmaßregeln getroffen, denn selten ging es ohne einen Schaden, ein Rad- oder Deichselflicken oder sonst*

ein Abenteuer ab... Ganz natürlich kostete daher eine Reise zu diesem baum- und schattenreichen Paradiese sehr viel Zeit und Geduld.«
Zu den bevorzugten »Erholungsgebieten« wurden neben Oberneuland und Rockwinkel, Schwachhausen, Horn, Die Vahr und Der Schorf gerechnet. Auch der Geestrücken über der Lesum bis nach Vegesack und Blumenthal trug zahlreiche Sommersitze. Wenn auch viele dieser Anlagen wieder verschwunden sind, andere parzelliert und aufgesiedelt, ihren Charakter verändert haben, so geben die noch vorhandenen Beispiele, die unter Denkmalschutz und Naturschutz stehen, Aufschluß über das bremische Leben in und mit der Landschaft. Als lebendige Denkmäler eines großzügigen Natursinnes sind erhalten der Park des Gutes Hodenberg mit seinen Wasserläufen und seinem um 1900 entstandenen Natur-Theater mit Heckenkulissen, Haus Landruhe am Rüten mit einer Orangerie im englisch-romantischen Neu-Tudorstil oder der Park von Höpkens Ruh, dessen Bäume so manche Veränderung der Besitzverhältnisse und der Baulichkeiten überdauert haben. Manche der Anlagen sind der Öffentlichkeit, auch in Form wohltätiger Stiftungen, zugänglich gemacht worden wie das zum Krankenhaus umgewandelte Landgut Holdheim, dessen englischer Park auf Altmann zurückgeht. Diese Güter, ihre Herrenhäuser und Baumbestände haben zu jener Meinung über die Bremer beigetragen, die sich in dem spöttischen Wort über die angeblichen Laster oder Schwächen der Hansestädte ausgedrückt hat: *»Die Lübecker trinken über ihre Verhältnisse, die Hamburger essen über ihre Verhältnisse, und die Bremer wohnen über ihre Verhältnisse.«* Es sei dahingestellt, wieweit die anderen Vorwürfe historisch zu belegen wären, doch in der Anmerkung zu Bremen steckt ein Körnchen Wahrheit. Mehr als Kleidung, mehr als Luxus der Ausstattung, mehr als Pferde und Kutschen oder Dienerschaft zählten der Garten, das großzügige Wohnen in dieser Hansestadt. Und die geschichtliche Wahrhaftigkeit verlangt, hinzuweisen auf das Fehlen großstädtischer Slums und Armenquartiere, wie sie in allen anderen Großstädten seit der Mitte des 19. Jahrhunderts sich ausbreiteten.

Das Wohnhaus des Bürgermeisters Johann Smidt an der Contrescarpe. Lithographie von Fr. H. Borchel. 1848.

Der Bürgermeister in der Vorstadt

Erst 1849 hatte der Senat den Bewohnern der Vorstädte volles Wahlrecht und Conventsfähigkeit bewilligt. Bis dahin wohnten ständig nur jene Menschen hier, die keine rechtlichen Interessen in der Stadt wahrzunehmen hatten. Von der neuen Entwicklung begünstigt wurde nun, wer sich Bauplätze an der Contrescarpe gesichert hatte. 1802 war eine neue Straße entlang der Zickzacklinie des Stadtgrabens geführt worden. Hier ergab sich Raum für großzügig geplante, liebevoll gepflegte Gärten, und hier boten sich zu allen Jahreszeiten reizvolle Ausblicke auf die neuen Wallanlagen über die Wasserflächen des Grabens hinweg. Auch Bürgermeister Johann Smidt hatte dort schon 1804 einen großen Garten erworben und ließ darin ein Sommerhaus errichten. Die erste Standesperson der Stadt, Ihre Magnifizenz der Bürgermeister, hatte es nicht für unter seiner Würde gehalten, in die Vorstadt zu ziehen. Dabei waren wohl auch ökonomische, Notzeiten einschließende Überlegungen im Spiel, denn sowohl Kuhstall und Hühnerstall als auch Gemüsebeete

und Obstbaumzeilen konnten auf dem weitläufigen Areal untergebracht werden. Weinstöcke berankten Haus und Nebengebäude, und selbst ein kleiner Weinberg mit 34 Stöcken wurde angelegt.
Wie der Hemelingsche Wingert beim Ostertor dreihundert Jahre zuvor, erlag auch der Smidtsche dem bremischen Klima, alsbald mußte ein gläsernes Traubenhaus an seine Stelle treten. Die vom Vater ererbte, in der Jugend auf der Kleinen Dunge geübte Leidenschaft für Obst- und Blumenkultur wurde, in der kargen Freizeit, an der Contrescarpe weitergepflegt. Auf bestes, selbstgezogenes Obst und Gemüse legte Smidt großen Wert. Auch wenn er längere Zeit von Bremen abwesend war, gab er genaue Anweisungen zur Gartenpflege. Selbst in Zeiten höchster politischer Spannung, auf Dienstreisen, dachte Smidt an seinen Garten, so steht in einem Brief an seine Frau aus Paris vom 20. Februar 1811:
»... jetzt wird es auch Zeit seyn, daß du im Garten von den Pfirsichen und Aprikosenbäumen, die an Lampens Seite an der Planke stehen, soviel wie nöthig an den neuen Stall setzen lässest. Zugleich müssen dann auch die Weinstöcke in das Treibhaus gebracht, auch einige an den Stall gesetzt werden ...«

Blumen waren Smidts liebster Zeitvertreib. Die Begeisterung für edle Nelken hatte er vom Vater übernommen. Mit auswärtigen Züchtern wurden Erfahrungen, auch Samen und Ableger ausgetauscht. Ein Kreis von bremischen Freunden und Senatskollegen teilte dieses Hobby, die »Nelkenisten«. Im Umgang mit Blumen entspannte sich der vielbeschäftigte Staatsmann. Er nahm sich sogar die Zeit, trotz riesiger Korrespondenz und Pflichtlektüre, Listen seiner Nelken und Obstbäume anzulegen und Notizen über Wachstum und Ertrag einzutragen. Der so oft von seinen Gegnern als Grobian, von den Zeitgenossen als Autokrat bezeichnete Mann offenbarte in seiner Gartenleidenschaft seine sympathischsten Züge. Als das Grundstück an der Contrescarpe, wohin Smidt später seinen Wohnsitz ganz verlegt hatte, in seinem Testament auf die Söhne aufgeteilt werden sollte, lag ihm viel daran, sein gärtnerisches Lebenswerk zu erhalten. Wenige Jahre vor seinem Tode schrieb er am Schluß eines Briefes an die Schwiegertochter Hannchen am 8. 11. 1851:
»Überhaupt solltet Ihr den Garten immer in Gemeinschaft behalten; wer kann wissen, ob es Mutter und mir nicht vergönnt wird, noch unsere Freude an eurer Eintracht zu haben, wenn wir von euch auch nicht mehr gesehen werden ...«

Der Bürgerpark

Der Mangel an öffentlichen Gärten in Bremen wurde in der 1. Hälfte des 19. Jahrhunderts viel diskutiert. Wer keinen privaten Garten besaß, war auf die Wallanlagen angewiesen. 1818 hatte der bayrische Gartenkünstler Friedrich Ludwig von Sckell in seinen »Beiträgen zur bildenden Gartenkunst« sich zur Idee des »Volksgartens« geäußert: *»Volksgärten dienen zum Genuße der freien und gesunden Lebenslust, zum traulichen und geselligen Umgang und der Annäherung aller Stände, für Greise, Wiedergenesende und die zarte Jugend.«* Sckell verwirklichte im »Englischen Garten« in München seine Vorstellungen. Er empfahl: *»... breite Wege, eine großzügige Wegeführung, warme und geschützte sonnige Ruhebänke, Volksgärten müssen die größte Zahl ihrer Lustwandler und ihren verschiedenen Geschmack zu befriedigen vermögen ... In solchen Volksgärten muß aber auch dem gesellschaftlichen Vergnügen, dem Tanze und anderen munteren Spielen stattgegeben werden, wo zugleich auch Speisen und Erfrischungen eingenommen werden können. Gebäude müssen in gutem Geschmack und an solchen Stellen errichtet werden, so sie als bildliche Gegenstände öffentlicher Zierde und Verschönerung erscheinen.«*
Das Programm für künftige Vorhaben war damit festgelegt. Wie oftmals in Bremen, kam der Anstoß für die Tat durch private Initiative. Im Kreise interessierter Bürger war in den 50er Jahren

des 19. Jahrhunderts bereits erörtert worden, die Bürgerweide, das baumlose Wiesengelände im Norden der Stadt, für Spaziergänge nutzbar zu machen. Aus Sparsamkeit wurde der Plan zu den Akten gelegt, die öffentlichen Kassen waren durch den Bau der Häfen in Bremerhaven stark belastet. Der Kaufmann Hermann Holler (1816–1868) hatte daraufhin auf eigene Kosten die Eichenalleen im Süden und Osten der Bürgerweide anlegen lassen.

Ein äußerer Anlaß ließ die langgehegten Pläne plötzlich wieder aktuell werden: Im Sommer 1865 wurde das Zweite Deutsche Bundesschießen in Bremen veranstaltet, eine große, von Patriotismus getragene Veranstaltung. Das Fest fand auf der Bürgerweide statt, bei ungewöhnlich großer sommerlicher Hitze. Beflügelt von Klagen und Beschwerden bildete sich bereits im Herbst, unterstützt von dem genannten H. Holler, ein »Komitee zur Bewaldung der Bürgerweide«. Bald konnten einer größeren Versammlung konkrete Vorschläge unterbreitet werden, so daß am 16. November 1865 ein gleichnamiger Verein gegründet wurde, dessen Geldsammlungen ermutigende Ergebnisse brachten. Senat und Bürgerschaft stellten zunächst 70 Hektar, im Jahre 1872 weitere 60 Hektar der Bürgerweide zur Verfügung. Weite Kreise der Bevölkerung nahmen aktiven Anteil. Brandes bemerkt dazu: *»Sie verkörperten nur den Anfang eines opferfreudigen Gemeinsinns, der sich nun bereits dreiviertel Jahrhundert an diesem Werk glänzend bewährt hat; denn der Verein hat den Park nicht nur weit über die ursprünglichen Absichten hinaus geschaffen und vollendet, sondern bestreitet bis auf den heutigen Tag Verwaltung und Unterhaltung in vollem Umfange.«* Diese Feststellung von 1938 hat den Zweiten Weltkrieg überdauert und noch heute volle Gültigkeit.

Für das große Projekt fand sich glücklicherweise ein hervorragender Gartenkünstler. Der Architekt Karl Gildemeister hatte in Amerika den aus Mecklenburg stammenden Landschaftsgärtner Franz Wilhelm Benque kennengelernt, der 1848 seine Heimat aus politischen Gründen verlassen

Blick über die Bürgerweide auf die Altstadt. Kupferstich von Anton Radl. Um 1820.

mußte und an großen Parkanlagen in den USA, angeblich auch am Central Park in New York, mitgewirkt hatte, Benque beteiligte sich erfolgreich an einem Wettbewerb für den Bremer Park und wurde auch als technischer Leiter gewonnen. Mit der Idee der Volksgärten war er durch seine amerikanische Tätigkeit wohl vertraut. Er schuf eine zusammengefaßte architektonische Einheit mit dem Parkhaus als Mittelpunkt, mit seitlichen Laubengängen und flankierenden Alleen und einer Wasserfläche vor dem Gebäude, dem »Hollersee«. Den übrigen Park plante er als landschaftliche Anlage mit einzelnen Anziehungspunkten wie der Meierei, dem Aussichtsturm, Schutzhütten, Ruhebänken und Brücken. Dazwischen legte er weite Rasenflächen, einzelne Baumgruppen und ringsum eine rahmende Verdichtung von Wald und Gehölzen. Benque beabsichtigte, den vorderen architektonischen Teil in einen starken Kontrast zum »englischen Garten« zu bringen, doch wurden seine Pläne abgeändert, gemildert, die Wasserflächen verkleinert, manche Vorhaben wie Palmenhaus und Volarium aus Kostengründen aufgegeben.

Im Ganzen hat sich Benques Plan als großer Wurf erwiesen und gegen alle Einwände durchgesetzt. In seinem vorderen Teil bietet er eine festliche Pforte in die gestaltete Landschaft. Tiefe Durchblicke mit wirkungsvollen optischen Abschlüssen gehören zu den besonderen Reizen. Als stadtnahe

»Grüne Lunge« und nächstes Ausflugsziel hat sich der Bürgerpark seitdem bewährt.
Schenkungen wetteiferten miteinander, den Park noch attraktiver zu machen, das Kaffeehaus am Emmasee wurde schon 1866 eröffnet, das Parkhaus am Hollersee 1873 errichtet. Mit dem Bau der Meierei, einer Stiftung Franz Schüttes, verband sich eine bukolische, durch den Schweizer Stil geförderte Stimmung, untermalt vom Läuten der Kuhglocken der hier weidenden Viehherde. Manche der Zutaten sind wieder beseitigt worden. An die sagenhafte Schenkerin der einstigen Bürgerweide, die Gräfin Emma von Lesum, erinnert noch die Emmabank mit der für den ganzen Park geltenden Devise

Für Herr und Gesind',
Mann, Weib und Kind,
Zu Nutz und Freud'
Für alle Zeit.

Die soziale Komponente des Volksparks, für alle Schichten da zu sein, wie sie seit Anfang des 19. Jahrhunderts allgemein gefordert wurde, klingt in diesem Sinnspruch an.

Vorgärten und Hausgärten

Seit der Beseitigung der alten Wälle war die Bevölkerung Bremens von 25000 auf der Vierfache gewachsen. Der Ausbau der Häfen in Verbindung mit der Weserkorrektion und die Industrieansiedlungen hatten große Massen an Zuwanderern angelockt. Sie versuchten, in den aufstrebenden Vorstädten Wohnung zu finden. Dank der besonderen bremischen Finanzierungsbedingungen konnten viele Familien ein eigenes Haus beziehen, wenn auch die Entschuldung lange dauerte. Von den 1848 gezählten 3100 vorstädtischen Häusern waren fast neun Zehntel Einfamilienhäuser. Das Entstehen der für die Großstädte Europas typischen Mietskasernen wurde durch behördliche Vorschriften verhindert. Mindestbreiten für die neuen Straßen wurden festgesetzt, und alle Wohnhäuser mußten einen Vorgarten zur Straße haben.
Diese Vorgärten wurden trotz ihrer oft geringen Tiefe zu einem besonderen Merkmal aller Stadtteile außerhalb der Altstadt. In ihnen entfaltete sich die Erfindungsgabe der Bewohner ebenso wie in den hinter den Häusern liegenden Hausgärten. Die gelegentlich beklagte Eintönigkeit der mit ein- und zweistöckigen Reihenhäusern besetzten Straßen wurde – und wird noch immer – durch die Vielfalt der Vorgärten gemildert. Auch wenn nicht, wie in den Bezirken der wohlhabenderen Schichten, die beliebten Wintergärten wie gläserne Vogelhäuschen angebracht wurden, die Gärtchen erfuhren, auch wenn sie nur eine winzige Fläche umfaßten, liebevollste Pflege. In einer solchen Straße, bewohnt von hartarbeitenden Menschen, konnten die ersten Schneeglöckchen die gleiche Freude bereiten wie kostbarere Blüten in den Treibhäusern der großen Gärten. Mit den Vor- und Hausgärten blieb selbst im tristesten Winkel der Stadt ein Element des Ländlichen lebendig. In seinem Buch über die »Hansestädte« (1955) schrieb H. K. Roethel über diese bremische Besonderheit: *»So sehr die Stadt als Welthandelsplatz und erste Baumwollbörse großstädtischen Charakter besitzt, so ist doch die Natur hier, wie in nur wenigen anderen Städten von gleicher Bedeutung und Größe ins Urbane hineingenommen. Das gilt nicht nur für die geliebten Wallanlagen, nicht nur für die kleinen Vor- und Hintergärten am Haus, sondern mehr noch für das Weichbild der Stadt.«*
Der Rolle der gemütlichen, bürgerlichen Hausgärten wird in vielen Erinnerungen alter Bremer dankbar gedacht. Dem elterlichen Garten hat Rudolf Alexander Schröder in seinem Rückblick »Unser altes Haus« (1952) liebevoll Erwähnung getan: *». . . das Paradies meiner Kindertage . . ., der nach hinten belegene schmale aber sonnige und ungewöhnlich tiefe Stadtgarten, zwischen dessen nach altem Schifferbrauch schwarzgeteerten Holzplanken im Frühling unter der Obhut des Gärtners und meiner Mutter Vergißmeinnicht*

und Stiefmütterchen, tränende Herzen, Rhododendren und Azaleen blühten und gegen Herbst an manchem Fruchtbaume Reinetten, Gravensteiner, Aprikosen, Pfirsiche und Walnüsse alljährlich in – für die Erinnerung wenigstens – gleicher Fülle zu unverwehrtem Genuße winkten . . .«

Noch in vielen Teilen der östlichen Stadtbezirke haben sich solche Gärten mit schönen alten Bäumen erhalten. Sie sind in der Gegenwart durch rücksichtslose Ausnutzung des Baugrundes oder durch Tiefgaragen bedroht. Sie sollten jedoch nicht mehr nur als verfügbare Reserven von wertvollem Gelände behandelt werden, sondern sie müssen als kostbarster, absolut unersetzlicher Besitz an »Lebensqualität« angesehen werden. Die Wallanlagen wurden von Generationen so eingeschätzt und geschützt, den bremischen Hausgärten sollte die gleiche Würdigung beschieden sein. Der moderne Verkehr hat die Vorgärten ohnehin unbarmherzig geschmälert, die Verbreiterung der Fahrstreifen und die Zuwegung zu den Garagen hat sie durch Betonierung verdrängt.

Wer in der modernen Großstadt zur Miete wohnt, keinen eigenen Garten besitzt, vielleicht sogar die Reize der Hochhäuser entdeckt hat, kann immer noch den Rückzug auf den Balkon antreten. Auf kleinstem Raum läßt sich hier wahre Gärtnerkunst beweisen. Sie bringt zuweilen herzbewegende und rührende Wunder hervor.

In der »Bremer Schweiz«

Nach den Freiheitskriegen hatten sich die politischen Verhältnisse stabilisiert, auch die Sicherheit auf dem Lande war gewachsen, und unter freundlichen Aspekten entstand daher auf den Hügelsäumen der Geest nördlich der Lesum eine größere Zahl von Landsitzen, deren Parks zu den schönsten Perlen bremischer Gartenkunst gezählt werden dürfen. Der großartige Blick über die Flußebene vermochte bei der üblichen Flachheit des Geländes um Bremen einmalige Erlebnisse zu schenken, die im schwärmerischen Zeitalter der Romantik begeistert gewürdigt wurden. Schon 1796 hatte das Bremer Adreßbuch die Landschaft bei Sankt Magnus als »schöne Gegend« bezeichnet und man begreift, daß die scherzhaft übertreibende Charakterisierung »Bremer Schweiz« sich bald eingebürgert hat. Adam Storck beschreibt die Landschaftseindrücke der Umgebung von Vegesack 1822: *»Auf den verschiedenen wohlangebrachten schattigen Sitzen auf der Höhe des Ufers die Wirkungen der Morgen- oder Abendbeleuchtung zu sehen, muß selbst dem, der romantische Gegenden kennt, herrlichen Genuß gewähren. Zwischen den in röthlichen Dunst gehüllten Ufern wallt die Lesum in der milderen Gluth der Abendsonne. Das Grün der Viehweiden verliert sich allmählich in das Blau des ferneren Horizonts. Still liegen die Hütten am Ufer hin zwischen Weiden, Eichen und Eschen, und nur einzelne Fischerkähne beleben dieses sanfte idyllische Bild.«*

Viele Jahrzehnte später schrieb eine junge Bremerin, die ihre Ferienzeiten in dieser gesegneten Landschaft verbracht hatte, Marga Berck (Magda Pauli geb. Melchers) in ihrem Briefroman: »Sommer in Lesmona« an ihre Freundin: *»Da war ein Morgen Ende Mai, der so ganz besonders göttlich war. Wir ruderten nach Vegesack zu, alles war von Licht und Sonne erfüllt, ein leichter Wind war in der Luft, auf dem Wasser und in unseren Gesichtern . . .«*

Wohlhabende Kaufleute hatten sich zuerst hier angesiedelt, die Familien Kulenkamp und Kulenkampff, Dreier, Plump, Loose, um nur einige Namen zu nennen. Die Gunst des abfallenden Geländes konnte für die malerische Wirkung sich ergänzender oder kontrastierender Baumarten genutzt werden. Die »Wissenschaft von den Bäumen« wurde begeistert praktiziert, so auf dem Landgut Tannenberg an der Lesmonastraße, wo der Eigentümer Bernhard Loose importierte Gewächse pflegte, Sumpfzypressen und Ginkgo-Bäume, Trauerbuchen und Nadelbäume von ungewöhnlicher Größe.

Daß in der 2. Hälfte des 19. Jahrhunderts neben die einfacheren Häuser und Anlagen der äußere Anspruch des Reichtums trat und die bremischen Bräuche und Maße sprengte, fügt sich in die Geschichte der hiesigen Gartenkultur. Führende Gartenarchitekten wurden herbeigerufen wie Wilhelm Benque, der gleichzeitig mit dem Bürgerpark für den Industriemagnaten Ludwig Baron von Knoop den Park des Gutes Mühlental in Sankt Magnus gestaltete, in dem der Architekt Runge ein riesiges Schloß im Stil englischer Neugotik erbaute. Aussichtspunkte am Geestrand, Treppenanlagen, Teiche, große Gewächshäuser setzten ungewöhnliche Maßstäbe. Längst ist die Schloßanlage wieder verschwunden, doch wahre Naturdenkmäler von Bäumen schmücken die als Knoops Park zum öffentlichen Besitz gewordene Anlage.

Um zu repräsentieren, war auch der in seinen Anfängen von Altmann geplante »Wätjens Park« in Blumenthal angelegt worden, in dem sich der Reeder Christian Heinrich Wätjen einen pompösen Schloßbau errichten ließ. Auf den eigenen Schiffen der Reederei wurden von Übersee Bäume und Gehölze herangeschafft, dem in Amerika tätigen Sohn die Listen mit den gewünschten Arten übermittelt. Die Eingewöhnung der Fremdlinge am Weserufer wurde zu einer sorgfältig überwachten gärtnerischen Unternehmung, die sich über Jahrzehnte erstreckte. Vom Aussichtsturm seines Schlosses aus konnte Wätjen den Flaggengruß seiner Schiffe mit der Reedereiflagge, dem berühmten »Flying W«, beantworten, ein Gartengefühl besonderer Art, das er mit den großen Hamburger Kaufherrn teilte, die am Elbufer wohnten.

Ein günstiges Geschick hat auch einen anderen der großen Parks wenigstens teilweise vor der Aufteilung und Bebauung bewahrt, der sich zuletzt im Besitz von Willy Rickmers befand. In der Gründerzeit war hier das pompöse Schloß Kreyenhorst erbaut worden, »das an Größe und Pracht alles übertraf, was es in Bremen gab«. 1911 konnte der Staat das riesige Gelände erwerben und durch die Straßen Marcusallee, Deliusweg, Am See und Rosental erschließen. Auf dem nördlichen Parkteil wurde vor dem Zweiten Weltkrieg der Rhododendron-Park begonnen. 1936 war das Gebiet des Allmers-Parks hinzugewonnen worden, so daß zwischen Horn-Lehe und dem Bezirk der späteren Neuen Vahr ein städtebaulich wichtiger Großpark entstehen konnte.

Die staatlichen Gärtner

Aus dem Amt des »Aufsehers der Spaziergänge« wurde erst spät eine städtische Behörde, zumal die Pflege des Bürgerparks vom privaten Park-Verein wahrgenommen wurde. Doch mit der schnellen Ausdehnung des Stadtgebietes, mit dem Pflanzen von Straßenbäumen, besonders aber mit der Anlage neuer Friedhöfe wuchsen auch die öffentlichen Aufgaben. Seit 1869 gab es eine Gartenbauinspektion und eine Friedhofsinspektion, geleitet von Inspektoren. Sie wurden 1920 zum »Garten- und Friedhofsamt« zusammengelegt, an die Spitze trat ein Gartendirektor. Dem Amt oblag die gärtnerische Oberaufsicht über alle Anlagen, der Entwurf und die Ausführung aller Neuanlagen einschließlich der Straßen, die Beteiligung an der Aufstellung von Bebauungsplänen, soweit sie die Gestaltung von öffentlichem Grün und die Stadterweiterung betrafen, und die Oberaufsicht über kirchliche Grünanlagen. Die staatlichen Gärtner wurden nicht zum Dornröschen im Hag der Zuständigkeiten. Sie hatten die Gabe, entscheidende Schritte der bremischen Gartenkunst anzuführen und zum Gelingen zu bringen.

So konnte der 1921 zum ersten bremischen Gartendirektor berufene Paul Freye private Parks erhalten und in öffentliche Anlagen umwandeln, unter seiner Leitung entstanden der Waller Park (1928), der Oslebshauser Park (1931) und der Schloßpark Sebaldsbrück (1931). Seine Nachfolger Richard Homann (seit 1935 bis 1945) und Erich Ahlers (seit 1945 bis 1974) setzten diese zugleich konservierende wie in die Zukunft vorausgreifende Tätigkeit fort. Die Verwüstungen und Abholzungen des Zweiten Weltkrieges konnten glückhaft überwunden und ausgeglichen werden. Zusammen mit den Gartenarchitekten Berg und Keller konnte Ahlers den neuen Botanischen Garten in Angriff nehmen und den Rhododendron-Park weiter ausbauen. Daß die schönsten ehemals privaten Parks in staatliche Obhut genommen, gepflegt und der Öffentlichkeit erschlossen werden konnten, gehört zu den größten Erfolgen dieser Jahre nach dem Zweiten Weltkrieg. Auch konnten völlig neue Gärten geschaffen und zu Anziehungspunkten im Stadtgebiet gemacht werden, wie der Garten an der Stelle des ehem. Focke-Museums an der Weser oder der junge Park um den Neubau des Focke-Museums an der Riensberger Straße. Mit dem Entstehen großer Neubaugebiete rund um Bremen stellten sich dem Gartenbauamt weitere Aufgaben von bisher nicht gekanntem Umfang. Die rechtzeitig vorgeplanten Grünzüge, die Freiräume mit ihren Baumbeständen und Gehölzen werden das Gesicht der jungen bremischen Vorstädte bis in eine ferne Zukunft prägen.

Die staatlichen Gärtner fanden nicht nur den Zugang zum Bewußtsein der Bevölkerung und Verständnis für ihre Pläne, sondern,was zuweilen schwieriger erscheint, auch die volle Unterstützung der Behörden. So gelang es ihnen oftmals, praktische Erfordernisse mit großem Geschick zu nutzen. Sie setzten damit eine bremische Tradition fort, die mit der politisch-technischen Maßnahme der Entfestigung begonnen hatte und die Wallanlagen entstehen ließ. Unter Ausnutzung eines wasserwirtschaftlichen Eingriffs, der Flutrinne, haben sie die Parkanlagen um den neuen Werdersee gewonnen. Sie führten entlang der Autobahn eine Kette von größeren Grüngebieten und Badeseen, verbanden Kleingartenbereiche mit Sport- und Spielplätzen und erschlossen dabei Raum für Parks mit schönem Baumbestand.

Im privaten Gartenfreund sieht der staatliche Gartenplaner seinen besten Verbündeten, denn die Garten-Wirkung Bremens beruht auch auf dem privaten Garten, dem begrünten Hof, dem Vorgarten. Manche Chancen der Durchgrünung wurden erst in den letzten Jahren entdeckt und angepackt.

Im Grunde werden bei der Vielzahl der bereits vollendeten Arbeiten wie bei der Planung künftiger Projekte einige wenige Leitsätze immer wieder angewendet. Die bremische Hortikultur wird seit nunmehr 180 Jahren geprägt vom Zusammenwirken weiträumiger Rasenflächen, markanter Baumgruppen und Wasserflächen. Die Natur hält diese Elemente bereit, das Klima begünstigt sie. Der bremische Rasen erlaubt das Betreten und das Bespielen. Die guten Wachstumsbedingungen für Bäume bestätigt die zuversichtliche Antwort des Gartendirektors auf die bange Frage, ob er nicht etwas Schnellwachsendes für den jungen Park des neuen Focke-Museums bieten könne, sie lautete: »Eichen«.

Die staatlichen Gärtner wirken in einer Stadt, der ihre Bäume fast heilig sind. Schon vor über 100 Jahren stand zu lesen: *»Fast durchweg waren die zahlreichen in der Stadt stehenden und schmückenden Bäume Linden... Als später die Baupolizei und Straßenpolizei diesen Bäumen den Krieg erklärte und sie, um eine freiere Circulation des Verkehrs innerhalb der Stadt herzustellen, wegschaffen wollte, da erhob sich bei jeder Straßenecke, bei jeder Baumgruppe, an welche die Axt gelegt wurde, ein Kampf der davon betroffenen Anwohner. Und die Petitionen, die sie für die Conservierung ihrer Linden an den Senat richteten, sind zuweilen sehr rührend und beweisen vielfach, wie werth und lieb diese grünen Bäume der Bevölkerung geworden waren.«*

Friedhöfe

Bis zum Ende des achtzehnten Jahrhunderts hatten die Toten ihren letzten Ruheplatz innerhalb der Stadt gefunden. Die Vornehmen wurden in den Kirchen und auf den sie umgebenden Kirchhöfen begraben, die ärmeren Verstorbenen an verschiedenen Stellen der Festungswerke beigesetzt. An die alten Begräbnisplätze erinnern nur noch die Namen. An wenigen abgelegenen Stellen weht noch ein Hauch friedvoller Stimmung wie in dem Rest des Sankt-Martini-Kirchhofs, dem späteren Pfarrgarten auf der Südseite der Kirche, in dem die Zeit stehengeblieben zu sein scheint.

Mit dem Anwachsen der Bevölkerung im 16. und 17. Jahrhundert wurden auch vor den Toren Friedhöfe angelegt, und seit der Franzosenzeit durften innerhalb der Stadt überhaupt keine Beerdigungen mehr stattfinden. 1875 mußten auch die Friedhöfe vor dem Herdentor und dem Doventor erneut verlegt werden, gleichzeitig wurden neue große Friedhöfe am Riensberg und in Walle eröffnet. Es ist für die bremische Entwicklung bezeichnend, daß die gartenarchitektonischen Grundprinzipien auch in den Friedhofsanlagen angewendet wurden, in dem Einklang von Zweckbestimmung und Parkcharakter, dem Zusammenwirken von weiten Flächen und Baumgruppen. Neben Platzräumen für aufwendige Stein- und Marmormonumente wurden auch Bereiche für betont schlichte Gräberfelder eingerichtet.

Am Waller wie am Riensberger Friedhof war Wilhelm Benque, der Schöpfer des Bürgerparks, tätig, seine Neigung zu romantisierender Parklandschaft wirkt sich noch nach einem Jahrhundert stark aus.

Als kurz vor dem Ersten Weltkrieg der Osterholzer Friedhof entstand, wurde mit dem Entwurf von Prof. Franz Seeck und Paul Freye als Gartenarchitekten eine dieser Zeit entsprechende Konzeption verwirklicht, die strengere Ordnungen mit großartigen Alleen, geradlinigen Wasserzügen, gewaltigen Baumkulissen und Mauern aus geschnittenen Hecken einführte. Prinzipien der Gartenarchitektur des Jugendstils wurden angewendet, wie sie etwa Fritz Schumacher bei der Anlage des Hamburger Stadtparks verwirklicht hatte.

Der gärtnerische Schöpfer des Friedhofs, Paul Freye, trat 1916 in bremische Dienste und wurde 1921 zum ersten städtischen Gartendirektor berufen.

Die Friedhöfe der Gegenwart, wie der von Huckelriede, der nach dem Zweiten Weltkrieg jenseits des Stadtwerders geschaffen wurde, sind von ergreifender Einfachheit. Der Anblick der Bäume und Gehölze im Wechsel der Jahreszeiten, das ewige Stirb und Werde der Natur vermag den Trauernden Trost zu spenden. Den innigen Wunsch mancher »Buten-Bremer«, die in der Ferne leben müssen, hat Rudolf Alexander Schröder in die schlichten Verse gefaßt:

»Oh Heimaterde, grünes Rund,
Mir eins und beides: Wieg und Hafen.
Hier will ich stehen auf deinem Grund,
Will sanft in deiner Erde schlafen.«

Das Paradies im Kleinen

Seit 1905 setzten sich auch in Bremen Gedanken der Kleingarten-Bewegung durch, wenn sie zunächst auch nur zögernd vom Staat gefördert wurden. Das änderte sich, als sich in den Hungerzeiten des Ersten Weltkrieges und der Nachkriegsepoche herausstellte, welch bedeutenden volkswirtschaftlichen Nutzen diese Stückchen Land besaßen. Die Stadt stellte fortan große Flächen als Pachtland zur Verfügung und förderte durch Darlehen den Bau von Unterkünften in den Parzellen. Nach dem Zweiten Weltkrieg wurde der Begriff des »Kleingarten-Parks« geprägt, der eine bremische Besonderheit darstellt. Die Kleingartengebiete wurden als Teil des »öffentlichen Grüns« angesehen, nicht mehr als ghettoartige Kolonien abgeschlossen, sondern als Erholungslandschaft für jedermann geöffnet. Durch die Anbindung an Grünzüge, an kleine

Wasserläufe, Teiche und durch die Nähe zu Wohngebieten sollen die Kleingärten über den rein materiellen Nutzwert hinauswachsen. Der immaterielle Ertrag wird hoch angeschlagen, einmal das Gefühl der Freiheit auf dem selbst bebauten Grund, zum anderen die soziale Kontaktpflege, die sich über den Gartenzaun zum Nachbarn leichter einstellt als in den Treppenhäusern und Fahrstühlen anonymer Hochhäuser. Damit sind diese privaten Gärten zu einem wichtigen Aufgabenbereich städtischer Gesellschaftspolitik geworden. Hier wird zumindest ein Zipfel des Paradieses erfaßt, das jeder Gärtner sich auf Erden zu schaffen bemüht ist. Schon der Weg zur Parzelle gehört zum Feierabend, wenn sich die Kleingärtner mit Kindern, Gerät und Mundvorrat, mit dem Auto oder per Fahrrad auf den Weg machen. Belebt vom Gefühl, für eine Weile zwischen den Hecken des Gartens König zu sein, keiner Hausordnung, keiner Verkehrsvorschrift zu unterliegen, kann der Wunsch, sich schöpferisch zu betätigen, verwirklicht werden.

Den wohl 23 000 Kleingärtnerfamilien in Bremen, die ihre geliebte Parzelle bebauen, hegen und pflegen, ihre friedvolle Zuflucht zu erhalten, ist ein wichtiges Anliegen, das vom Gartenbauamt eifrig gefördert wird, wobei durch die Mitwirkung der Pächter und ihrer Vereine an den Bebauungsplänen eine Dauernutzung der Kleingärten gesichert ist.

Rhododendron und Rosen, Meerwind und Heuduft

»Alles Rübennatur und Torf und Heide« hatte vor anderthalb Jahrhunderten ein Beobachter über Bremens Umwelt geurteilt. Es hat sehr lange gedauert, bis sich dieses Vorurteil geändert hat. *»Überhaupt ist die Gegend platt und gewährt dem Auge wenig Vergnügen. Auch giebt es vor den Thoren der Stadt keine beträchtlichen großen und schönen Gärten, besonders keine öffentlichen, wie vor Leipzig, Hamburg, Wien oder München, wo Leute von verschiedenen Classen sich zu gemeinschaftlichen geselligen Freuden versammeln . . .«* Diese Meinung des sonst scharfen Beobachters Freiherr von Knigge, der seit 1791 in Bremen gelebt hat, beweist, daß es ihm an Verständnis für die Reize des offenen Landes mit seinen weiten Horizonten fehlte. *»Bremen ist eine ernste gescheuerte Stadt, mit Lindenbäumen, vor den Häusern, ziemlich nackt und kahl gelegen, in einer Sandwüste, unter Rüben und Braunkohl,«* kritisierte der schon zitierte Eduard Beuermann, obwohl er die Wallanlagen kannte und schätzte. Die Künstler haben dazu beigetragen, das Verständnis für die spröde Anmut der bremischen Umgebung zu wecken, vor allem jene Gruppe junger Maler, die sich im nahen Worpswede niedergelassen hatten. Gustav Pauli, der verdienstvolle Direktor der Bremer Kunsthalle, hat Worte für die Einmaligkeit des Landes gefunden: *»... hier gibt es die Heide in ihrer unermeßlichen wogenden Weite, düster, braun, ernst und groß anzuschauen, bis auf ihre sommerliche Blüte, da sie ein paar Wochen lang sich zauberhaft in ein rosiges Meer verwandelt. Dann gibt es da in der Hammeniederung an warmen sonnigen Frühlingsmorgen unbeschreibliche Kahnfahrten, da man über dunkles Wasser zwischen sumpfigen hochwuchernden Wiesen dahingleitet, umschwirrt von den Lockrufen, dem Gezwitscher, Geschnatter und Getriller unzähliger Wasservögel ...«*

Stets sollte man der Tatsache gegenwärtig bleiben, daß Deichbauer, Bauern und Gärtner aus dieser stillen, wilden Weite eine Kulturlandschaft geschaffen haben, die heute eine große Stadt birgt. Wo kann man sich – wie in Bremen – einer Großstadt nähern, die den Besucher mit baumbestandenen Alleen empfängt und ihn in ihrem Schatten bis in die innere Stadtzone geleitet? Grüngürtel umschließen sie ringsum. Die neuen Wohngebiete wie die Gartenstadt Vahr, die Neue Vahr, Blockdiek oder Osterholz-Tenever bieten nach wenigen Jahren ihren Bewohnern den Ausblick auf Rasenflächen und Blumenbeete, auf Bäume und Buschwerk.

Städte, in deren Mitte im Sommer der Duft von Rosen und Heu sich gegen den Benzindunst durchsetzt, sind selten geworden. In Bremen hat sich die Natur behauptet, sie hat das gefährdete Gleichgewicht zwischen dem Elementarischen und dem Zivilisatorischen wieder hergestellt und hat auch für die Zukunft gute Wachstumsbedingungen. Daß diese nicht geschenkt wurden, sondern erkämpft werden mußten, bestimmt die bremische Gartengeschichte. Die Menschen haben mit ihrer Zähigkeit alle Widrigkeiten bezwungen. Mühen und Freuden des Gärtners beeinflussen das Leben in der Hansestadt auf vielen Gebieten. Das offenbart sich im grünen lebendigen Gewand, das sich die Stadt alljährlich überstreift, aber auch in unzähligen persönlichen Äußerungen, in Briefen, Tagebüchern und Lebenserinnerungen. Es drückt sich aus in dem Lebensrückblick des Bremers Friedrich Rauers: *»Die Rosen waren meines Vaters ganze Liebe – jedes Jahr zog er vierhundert neue Stecklinge, die er, wenn er wollte, nur abzureißen brauchte und in die Erde steckte, dann wuchsen sie. Damit er Platz hatte, verschenkte er ältere Rosen. Um die schönsten und neuesten Sorten zu bekommen, wurde getauscht ...«*

Das Geheimnis des »grünen Daumens« ist hier angedeutet, der magischen Kraft, die Gärtner und Gärtnerinnen auszeichnet, denen alles zu glücken scheint. Doch in Wahrheit erweist sich nur die Liebe zum Wachsenden, die Vertrautheit mit dem Boden, als hilfreich und fruchtbar. Weil die Stadt Bremen sich als ein historischer Organismus gegen Widerstände durchsetzen mußte, sind auch ihre Bewohner, die eingeborenen Tagenbaren und die Zugewanderten, tiefer mit ihr verbunden, mit der äußeren Erscheinung wie mit ihrem inneren Wesen. Um das Schöne und Besondere ihrer grünen Stadt zu lieben, bedürfen die Bremer nicht der Brille lokalpatriotischer Verklärung. Sie fühlen sich hier verwurzelt und geborgen.

Der bremische Dichter und Ehrenbürger seiner Stadt, Rudolf Alexander Schröder, hat dieser Eintracht von Heimstatt und kultivierter Natur aus der Ferne gedacht in seinem Gedicht:

Rhododendren und Azaleen

Denk ich von ferne der Heimatstadt,
So sind es die alten Gärten,
Ich suche den hellen, umdufteten Pfad
Und die baumüberschatteten Fährten.
Dunkelnd über dem Rasengrün
Rüster und Pappel und Eiche
Dort, wo die blanken und gelben blühn,
Die Wasserrosen im Teiche.
Möchte vorüber der schimmernden Tracht
Rhododendren und Azaleen
Quer durch die Buchen, entlang der Gracht
Und über die Brücke gehen.

Nachbemerkung

Gustav Brandes, Pädagoge und Volkskundler (1877–1942), hatte in seinem 1939 im Verlag Arthur Geist Bremen erschienenen Buch »Aus den Gärten einer alten Hansestadt« die Parks und Gärten als Kulturdenkmäler beschrieben und gewürdigt. Auch unwiederbringlich verlorene Örtlichkeiten waren darin erfaßt und in schönen Aufnahmen von Arthur Rieks festgehalten. Den verdienstvollen gründlichen Forschungen von Gustav Brandes fühlt sich der Verfasser der vorliegenden historischen Betrachtung zu großem Dank verpflichtet. Zugleich sei auch all denen, die sich um die Erhaltung der Landschaft oder die Pflege der Naturdenkmäler Bremens verdient gemacht haben, hohe Anerkennung bezeugt. Ein persönlicher Dank sei den Direktoren des Gartenbauamtes und den Leitern des Botanischen Gartens ausgesprochen, die dem Autor, zum Teil in gemeinsamen Bemühungen bei der Entstehung des »Museums im Grünen«, des Focke-Museums, den Zugang und das Verständnis für die Horticultura bremensis vermittelt haben: Erich Ahlers, Johann Berg, Berndt Andreas und Dr. Lothar Heft.

Abbildungen

2

4

5

3

6

7

8

9

Seite 33. Der bronzene „Rosselenker" von Louis Tuaillon am Bischofstor in den Wallanlagen (1).

Seite 34/35.
Wie ein grüner Halbring legen sich die Wallanlagen um die Innenstadt (2). Markantester Punkt und beliebtes Fotoobjekt ist die Herdentors-Mühle (4). Ziele für Spaziergänger und Erholungssuchende: die Blumenschule (7), die Bänke rund um das Olbers-Denkmal von Carl Johann Steinhäuser (8), der Stephani-Garten (9), vor allem aber die vielen großen Wiesen, für die gilt „Betreten erlaubt" (3).

10

11

12

13

14

15

16

Schnee ist in Bremen eine Seltenheit, aber wenn er – wie auf diesen Fotos – längere Zeit liegen bleibt, verzaubert er die Wallanlagen in eine Winterlandschaft von einzigartigem Reiz. „Die große Liegende" am Theaterberg wurde von Gerhard Marcks geschaffen (15).

Als breite grüne Schneise ziehen sich Bürgerpark und Stadtwald von der Innenstadt hinaus in die Weite des Blocklandes (17). Dort gibt es nicht nur Grün: Kremserfahrten (20), hin und wieder Platzkonzerte am Marcus-Brunnen (19), Ruder-Partien unter der Melchers-Brücke hindurch um die Meierei herum (22) oder ein Picknick auf einer der vielen Wiesen (18 + 21) sorgen für Abwechslung.

17

19

18

20

21

22 ▶

24

25

Der wiederhergestellte Pavillon der Waldbühne im Stadtwald hat sich zu einem attraktiven Anziehungspunkt entwickelt, besonders beim sonntäglichen Frühschoppen (24 + 25).

◀ 23

26

27

28

29

30

31

Gastlichkeit im Bürgerpark: Die Meierei (26 + 28), das Kaffeehaus am Emmasee (27) und das Park-Hotel (29 + 31).

Die romantische Heckenlaube (30) ist ein Stück alter Gartenkunst.

32

33

34

35

Der Bürgerpark im Winter – auch dann Erholungsstätte für alle: mit dem Tiergehege (32), mit Schlittschuhlaufen auf dem Hollersee (34) und dem verschneiten Fichtenhain (36), an dem keine hundert Meter entfernt der Straßenverkehr vorüber rauscht.

36 ►

38

◄ 37 39

40

Ganz anders als der Bürgerpark: der 1906 angelegte Stadtwald mit dem Gabriel-von-Seidl-Pavillon (37), dem Torfkanal (38) und der 1,7 km langen Trimm-Dich-Finnbahn (40).

Für die Pferde des Reitervereins, der nebenan an der Munte sein Quartier hat (39), ist es nur ein kurzer Weg in den Wald.

41

42

43

Der Rhododendron-Park ist mit dem Botanischen Garten die dritte Dominante im Bremer Parkgrün und zugleich die größte Sammlung dieser Art auf dem europäischen Kontinent.

44 ►

22

Im „Wilhelm-Kaisen-Haus" im Rhododendron-Park (45, 46) blühen bereits im März und April 400 Rhododendron-Arten aus wärmeren Klimazonen. Neue Attraktionen sind das Museum für Topfazaleen (47) und der Steingarten für alpine Rhododendron-Arten (48), errichtet aus Bordsteinen alter Bremer Straßen.

46

47

◄ 45

48

49

Sommergrün und Winterweiß im Rhododendronpark: Der Bison am Eingang Marcusallee (51), Heidegarten und Café (52), der kleine strohgedeckte Pavillon (53).

50

51

52

53

55

◀ 54 56

57

Bremens „Museum im Grünen" – das Landesmuseum für Kunst- und Kulturgeschichte (Focke-Museum). Sein Hauptgebäude (57) wurde 1964 eingeweiht. Dazu gehören aber auch das Mittelsbürener Bauernhaus (55) mit einem typischen Bauerngarten (56) und das an der Schwachhauser Heerstraße gelegene Rokoko-Landgut „Haus Riensberg" (54) im alten Gutspark.

58

59

61

63

60

62

64

65

Golf mitten in der Stadt: Auf dem Golfplatz in der Vahr können auf 30 ha Fläche neun Löcher angespielt werden (58).

Vorgärten im Kleid des Frühlings in Schwachhausen (59–62, 64 und 65).

In stillen Gartenhöfen – wie hier im Parkviertel – blühen alte Birnenbäume (63).

66

67

68

69

Vor 80 Jahren stand an dieser Stelle in Schwachhausen (66) noch ein Bauernhaus, heute duckt sich eine Villa unter großen Bäumen.

Zwei Seltenheiten: Große, blühende Scilla-Wiese in einem Vorgarten (67) und ein Garten-Parterre im Jugendstil (68).

Im Sommer ist dieses Haus unter alten Eichen an der Marcusallee fast unsichtbar (69).

Große Vorgärten vor großzügigen Häusern – zwei Beispiele aus den 30er Jahren (70 + 71).

Allmerspark in Horn: Das ehemalige Landgut Fritze (72) und der Park (73) in Harmonie.

70

71

72

73

75

76

77

Die bäuerliche Parklandschaft des Achterdiek wird langsam zum Erholungspark; noch bestellen Landwirte ihre Felder vor der Silhouette der Neuen Vahr (74).

Der Park um das Herrenhaus Heineken in Oberneuland mit seinem 200jährigen Heckentheater (75 + 76).

Haus „Landruh" Am Rüten – ein Stück Bremer Bau-, Garten- und Wohnkultur ist seit 200 Jahren unverändert (77).

◄ 74

78

79

80 81 ▶

82

83

84

85

86

87

88

90

89

91

Seiten 62/63.
„Höpkens Ruh" ist seit 1893 öffentlicher Park (78). Besonders romantisch – beeinflußt vom Gedankengut Jean-Jacques Rousseau's – der kleine Teich mit Obelisk (79).
Die Oberneulander Mühle (81) ist eine von fünf noch erhaltenen in Bremen.
Seiten 64/65.
An der Oberneulander Landstraße liegen neben „Höpkens Ruh" außerdem „Muhles Park" (82–86, 88 und 90) und „Ichons Park" (89 und 91). Sie wurden vor wenigen Jahren der Öffentlichkeit zugänglich gemacht und sind großzügige alte Sommersitze Bremer Kaufleute.

92

93

94

95

97

98

96

99

100

Gut Hodenberg (92 und 93), einst ein befestigter Platz, dann ein Landgut der Renaissance und heute eine Stiftung von Robert Rickmers, spätklassizistisches Landguthaus an der Rockwinkeler Heerstraße (94), Lüer-Kropp-Hof (96) in Rockwinkel. Ob neue oder alte Parks und Häuser: Schlichtheit und hanseatische Großzügigkeit sind ihnen gemeinsam (95, 97–100).

Die Egestorff-Stiftung in Osterholz-Tenever: Die englisch wirkenden Backsteinbauten (101) im hinteren Teil des Parks (106) sind Anfang dieses Jahrhunderts als Senioren-Wohnheim entstanden (101–104). Im vorderen Teil des Parks steht das alte Landguthaus (105).

101

102

103

104

105

106

107

108

109

110

111

112

113

114

115

Die Weser ist Lebensader der Stadt und Mittelpunkt einer weiten Erholungslandschaft. Gegenüber dem Osterdeich, nur 10 Gehminuten von der Innenstadt, steht die alte „Wasserkunst" (107). Zwischen Alt- und Neustadt erstrecken sich auf 280 ha Fläche Pauliner Marsch und Stadtwerder, Weser und Werdersee (108). Nicht ohne Grund haben die Bremer deshalb ihr jährliches Kunst-, Kultur- und Aktionsfest „Weserlust" getauft (109–110). Was sich sonst noch tun läßt? Hafenrundfahrten unternehmen, Segeln, Rudern (107, 111-113). Und natürlich im Weserstadion (115) Werder Bremen zusehen.

Der Werdersee (116–119, 121–123), der erste künstlich geschaffene Erholungssee in Bremen, der in den 50er Jahren entstand, und der in nächster Nähe gelegene kleine Huckelrieder Park (120) sind ein Dorado für Spaziergänger, Angler, Ruderer und Segler – schlechthin für Erholungssuchende.

116

117

118

119

120

121

122

123

124

128

129

125

126

127

130

Erst in den letzten Jahrzehnten entstand die Hastedter Weser-Promenade (124, 126 und 127), die Sportplätze (128), das Rollschuh-Stadion (129 und 130) und der Jürgenshof in der Pauliner Marsch (125).

Dreimal Grünes Bremen: Der Bahnhofs-Vorplatz (131), der Hof des Remberti-Stiftes (133) und der Grünzug Findorff an der Hemmstraße, wo die alte Dampf-Lokomotive „Jan Reiners" einen Ehrenplatz erhalten hat (132).

131

132

133

Nach dem Krieg wurde der schmale grüne Ring der Neustadts-Wallanlage bis zur Kleinen Weser (135) geschlossen. Seine markanten Punkte sind der Centauren-Brunnen am Leibnizplatz (134) und die Hohentorsanlage (136 + 138).

Zwischen 1972 und 1974 entstand auf Spülfeldern des Neustädter Hafens am Rablinghauser Deich ein 1,5 km langer Uferpark, dessen künstlerischen Akzent „Das Lankenauer Monument" setzt; der Volksmund hat es längst respektlos „Schrottkiste" getauft (139).

134

135

136

137

138

139 ▶

Der Vahrer See (140 + 143) entstand erst vor 20 Jahren, inzwischen ist er selbstverständliche Erholungswelt, ebenso wie die Fleete und Grünanlagen dieses Wohngebiets (141). Ebenfalls eine Vahrer Attraktion: Der Rennplatz, auf dem schon seit über 100 Jahren Galopprennen gestartet werden (142).

140

141

142

143 ▶

Weiträumige Grünzentren: im Leher Feld mit Kleingartenpark Victor Heynig (144–147), in Blockdiek (148, 149, 151) und im Schloßpark Sebaldsbrück (150).

144

145

146

147

148

149

150

151

152

154

153

155

156

157

158

159

160

161

Auf Trümmern entstand vor 25 Jahren der Grünzug Utbremen (152, 153, 155, 156).

Dieser romantische Teich im Waller Park (154) liegt eingebettet in einer Kulisse großer Bäume des ehemaligen Gutsparks.

Lebendige Kunst: Die „Waller Welle" aus 16 000 Narzissen auf der Böschung an der Nordstraße (157).

Der Oslebshauser Park (158), der in den sechziger Jahren entstandene Grünzug Gröpelingen (159), das Hochhaus an der Hansestraße (161), ein Landhaus in Grambke (162).

162

31726
15263

164

165

166

Bei den Bauarbeiten für die Blockland-Autobahn und die Universität entstand der Stadtwaldsee. Für die meisten Bremer heißt er – trotz seines offiziellen Namens – ‚Uni-See'. Man kann auf ihm Windsurfen und Segeln und in ihm ‚mit' und ‚ohne' baden.

◀ 163

Dem Ausbau von Autobahnen und Schnellstraßen verdanken die Bremer eine ganze Reihe von Seen: den Achterdieksee (167, 168), den Sodenmattsee in Huchting (169–172), den Bultensee in Osterholz-Tenever (173) und den Waller Feldmarksee (174).

167

168

169

170

171

172

173

174

177

179

◀176

178

180

Seiten 88/89. Ein Stück neues Bremen: die junge Parklandschaft am Waller Feldmarksee.

Seiten 90/91. Bunter Bremer Bilderbogen – Beispiele für das Wohnen in der Stadt: in Grolland, Schwachhausen, am Osterdeich, in Osterholz, in der Neustadt und im Westen.

Die Lieblingsfarbe der Bremer ist grün. Und sie leben auch gern mit Grün: mit dem Garten hinterm Haus, mit dem manchmal nur handtuchbreiten Vorgarten, mit Pflanzen im Kübel auf dem Balkon oder ganz einfach mit ihren Blumentöpfen auf der Fensterbank (181–195).

181

184

182

185

183

186

187

188

189

190

191

192

193

194

195

196

197

198

199

200

201

202

203

204

205

Riensberger Friedhof (196–200) und Waller Friedhof (201, 202 und 205) wurden vor 100 Jahren parkartig gestaltet. Der kleine Friedhof in Hemelingen (203) wirkt dagegen fast dörflich. Ausdruck neuzeitlicher Gestaltung: der Huckelrieder Friedhof (204).

206

207

208

209

210

213

214

211

212

215

Größter Bremer Friedhof auf 83 ha Fläche ist der streng architektonisch gestaltete und doch parkartige Osterholzer Friedhof (206–209).

Alte Dorffriedhöfe finden sich in Lesum (210), Arsten (211, 212) und Wasserhorst (213). Dazu als Gegensatz: der neue Waldfriedhof in Blumenthal (214, 215).

H. Mahn
Kirchweg 79

217

220

218

221

◄ 216

219

222

223

224

225

227

226

228

229

230

232

Seiten 98/99 und 100/101. Die über 20 000 Kleingärten in Bremen sind Teil des öffentlichen Grüns. Bundesweite Beachtung fanden viele Anlagen, zum Beispiel das Gebiet an der Wolfskuhle (219, 222), am Rablinghauser Uferpark (221), in der Neuen Vahr-Nord (223, 226), in Huchting (224), in der Gröpelinger Feldmark (230, 233, 234) und noch manche andere.

231

233

234

235

236

237

238

239

240

241

Bremen-Nord: das ist Parklandschaft am Steilufer der Lesum (235) – Knoops Park und Lesmona-Park (236–238), Wanderwege am Fluß und auf den Deichen (239, 240) und Segelboote und letzte Fischerboote auf dem Wasser (241, 242).

242

244

245

246

247

249

248

250

251

Seiten 104/105. Kleinod vor den Toren Bremens: die Parklandschaft Leuchtenburg, im Volksmund „Bremer Schweiz" genannt.

Seiten 106 und 107. Bremen-Nord im Bild: Das Schönebecker Schloß (244), Haus Hohehorst in Leuchtenburg (245), ein altes Herrenhaus gegenüber von Bruns Garten (246), das klassizistische Landhaus über dem Admiral-Brommy-Weg (247), Bruns Garten (248), Schloß Wätjen in Blumenthal (249) und die von Eberhard Gildemeister geschaffene Lehnhof-Siedlung (250 + 251).

252

254

253

255

256

Grünes Bremen-Nord: das Rönnebecker Weserufer unterhalb des Dillener Parks (252), der auf Trümmern und Schutt entstandene Uferpark Bahrs Plate in Blumenthal (253, 255 + 256) und der Stadtgarten Vegesack, die älteste öffentliche Parkanlage an der Weser (254).

Einer der wichtigsten Wanderwege von der Stadt ins Blockland: der Kuhgrabenweg (257).

Rast an der Wümme in Dammsiel (258).

257

258

259

261

260

262

263

264

265 ▶

Kaum 20 ‚Rad'-Minuten vor der Stadt: Weite und Ruhe. Große Bäume und alte Gehöfte sind typisch für die Wümmelandschaft (259–263, 265).

Im Süden der Stadt: Die Varreler Bäke in Huchting (264).

In der Niederungsland-schaft an der Wümme.

266

267

268

Erläuterungen
zu den wesentlichen Bremer Parks, Gärten und Friedhöfen

Bremen gilt unter den Großstädten nach Gesichtspunkten der Lebensqualität als eine wohnliche, ja gemütliche und gemütvolle Stadt. Viel dazu bei trägt das Grün der Gärten und Parks in der Stadt wie der schnell erreichbaren, weiträumigen Wiesenlandschaft am unmittelbaren Stadtrand. Mit ihren weiten, fast karg wirkenden Weiden, den markanten Deichen und gradlinig gebauten Gräben oder den sich schlängelnden Wasserläufen und Wassertümpeln, mit den langen Eichenreihen und baumbestandenen Hofstellen, die manchen Ortsteil zur Parklandschaft werden ließen, hat diese bremische **Landschaft** das Leben in unserer Stadt wie das Bild ihrer Parks geformt.

Die großbürgerlichen Garten- und Parkschöpfungen des 18. und 19. Jh., vor allem die **Wallanlagen** und der **Bürgerpark**, ließen eine aus den Landschaftselementen sehr charaktervoll-bremische, schlichte Parkform entstehen, die bestimmt war durch künstlerisch gestaltete weite Rasenflächen, große Bäume und Wasserzüge. Diese bestimmenden Grundelemente sind, trotz der sehr gewandelten Aufgabenstellung des Grüns in neuen Wohngebieten von heute, wenn auch vereinfacht, wo immer möglich, bewußt wieder verwendet worden – wie in der Vahr, in Blockdiek, Leher Feld, Arbergen oder im Obervieland –, um den Bremer Grün- und Parkanlagen weiterhin ihr unverwechselbares Gesicht zu erhalten oder neu zu geben.

Einen besonderen Impuls für die Schaffung weiträumiger, von Wasserflächen bestimmten Erholungs-Parklandschaften gab die Entstehung des Werdersees (1952-1958) und die durch Straßen- und Autobahnbau in den letzten zehn Jahren entstandenen **Erholungsseen.** Wie an einer Perlenschnur liegen sie um unsere Stadt zwischen den großen Wohngebieten und der freien Parklandschaft. Weiträumige Wiesen, großwerdende Baumgruppen und Wanderwege sind als erste funktionsfähige Abschnitte späterer Erholungsparks an diesen Seen zu einem neuen Stück Bremer Parkgeschichte geworden.

Die **Bremer Parks** einschließlich des Bürgerparks – der seit seiner Gründung von einem Verein und nicht von der Stadt betreut wird – wuchsen seit 1945 um fast 500 ha auf 860 ha, in den letzten acht Jahren allein um 135 ha, und lassen auch die gewachsene Stadt grün und wohnlich bleiben.

Einmalig schön ist Bremen, wenn die japanischen Kirschen in den Vorgärten blühen und zur Zeit der Azaleen- und Rhododendronblüte. Hunderttausende besuchen dann die größte europäische Ericaceensammlung unter alten großen Bäumen im **Rhododendronpark.**

Auch die größeren **Friedhöfe** in unseren Stadtteilen haben einen sehr eigenen bremischen und parkartigen Charakter durch die deichartig aufgehöhten Gräberfelder, weite Rasenflächen, hohe Baumkulissen und häufig auch Wasserflächen.

In **Bremen-Nord** hat die Landschaft des hohen, bewegt geformten Geestrückens mit den tief eingeschnittenen Bäketälern, wie die Schönebecker Aue, Parks mit reizvollen Hangsituationen und Fernblicken, besonders am Steilufer der Lesum, entstehen lassen, die ganz anders sind als die Parks in der feuchten Niederungslandschaft von Bremen.

Nicht fortzudenken aus dem Bild Bremer Parks und Gärten sind annähernd 20000 **Kleingärten** – die ältesten sind schon 70 Jahre alt – in ihrer vielfältigen und lebendigen Buntheit. Ob in großen Flächen älterer Gebiete und früher »weit draußen« oder in kleineren Kolonien, die von der wachsenden Stadt eingeholt oder ihren neuen Wohngebieten zugeordnet sind, werden sie mehr und mehr mit anderen Grünanlagen und Wanderwegen »verflochten« oder durch Anlegung neuer großer Erholungsgebiete in ihrer Nähe – gerade auch in älteren Kleingartenflächen – für jeden Bremer verstärkt erlebbar als Teil bremischen öffentlichen Grüns – als **»Kleingartenpark«.**

Die **Gärten** – ob parkartig mit ihrem alten Baumbestand, ob als kleiner Vorgarten mit einem blühenden Strauch, der der Straße einen frohen Farbakzent gibt, oder als grünes Gartenband der Reihenhäuser und Wohnblöcke –, sie alle sind ein typischer Teil des Bremer Grüns.

Die duftigen und zum Teil aus neuen Blickwinkeln zu allen Jahreszeiten und eigentlich erstmalig auch als Wintermärchen gesehenen Farbfotos dieses Buches stellen die vielen Schönheiten bremischer Landschaft, Parks und Gärten, wenn natürlich auch nicht abschließend, so doch eindrucksvoll vor. Vielleicht regen sie an, hier und da Unbekanntes zu suchen und mit eigenen Augen die Schönheit der Parks und Gärten in unserer Stadt zu erleben.

Altstadtswallanlagen, *34 ha, zwischen »Am Wall« und »Contrescarpe«*

Der grüne Halbring um die Bremer Altstadt mit der geschwungenen Führung des alten Wallgrabens ist eine Sehenswürdigkeit der Stadt und die erste von Bürgern für ihre Stadt geschaffene öffentliche Grünanlage. Nach Verfall der Befestigungsanlagen schrittweise ab 1802 und besonders mit Anregungen von Dr. Heineken und Dr. Focke nach Grundsatzplänen des Rasteder großherzoglichen Hofgärtners Bosse entstanden, dann weiter geplant und ausgebaut von den Bremer Gärtnern Wallbaum und vor allem Altmann, später betreut von den Stadtgärtnern, u. a. Nagel und Heins, unter Leitung der Deputation für die Wallanlagen und ab 1918 von den jeweiligen Gartendirektoren.
Trotz mancher verkehrsbedingter Beschneidungen konnten die Wallanlagen bis heute mit dem Stadtgraben im Grundsatz unverändert erhalten bzw. nach dem Zweiten Weltkrieg wieder hergestellt werden – eine Sonderheit deutscher Städte.
Beliebt sind die Blumenschule an der Mühle mit dem Rehbrunnen, der Theaterberg mit seinen in den 60er Jahren auf den Trümmern des ehemaligen Theaters gebauten Sonnenterrassen und der Plastik »Die große Liegende« von Marcks, die Wiese mit Liegestühlen an der großen Vase von Steinhäuser am Herdentor, die Narzissen- und Rodelwiese am Polizeihaus mit dem Olbers-Denkmal, der romantisch stille Teil am Altenwall sowie der 1950–1954 aus den Ruinen des Focke-Museums entstandene mauerumschlossene »Museumsgarten« an der Stephanibrücke mit dem Blick auf die Weser und das Schulschiff »Deutschland«.
16 000 Passanten erleben täglich auf dem schönsten Weg in die Innenstadt durch das Bischofstor, vorbei am Torhäuschen, die landschaftliche Schönheit dieser Anlage.
Die letzte der ehemals sieben Mühlen auf dem Weg zur Innenstadt am Herdentor gehört wie der Roland, das Rathaus oder die Stadtmusikanten zum oft fotografierten Bild unserer Stadt.

Bürgerpark und Stadtwald, *203 ha, Hollerallee/zwischen Parkallee und Findorffallee/Torfkanal*

Nach Plänen von Wilhelm Benque ab 1866 entstanden und bis heute vom Bürgerparkverein unterhalten. Die größte und bedeutendste Parkanlage Bremens, 10 Gehminuten vom Bahnhof. Mit Wasserzügen, alten Baumgruppen, großen Wiesen und weiten Durchblicken, gesäumt von waldartigen Rändern, ist er der letzte große in Deutschland entstandene Landschaftspark und bis heute ohne grundsätzliche Änderung erhalten. Stätten der Gastlichkeit, wie das Park-Hotel am Hollersee, die Meierei, das Kaffeehaus am Emmasee und der »Biergarten« des Waldschlößchens wie auch das Tiergehege, der Ruderbootverleih, die Kleingolfanlage am Emmasee und der Marcusbrunnen bieten allen Bevölkerungsteilen vielseitige Erholung in schöner Umgebung mitten in der Stadt. Im Winter locken die zugefrorenen Wasserzüge die Bremer Jugend wie zu Großmutters Zeiten zum Schlittschuhlaufen oder die Rodelhügel zum Schlittenfahren.
Der baumreiche Stadtwald, 1906 aus einer Schenkung von Franz Schütte angelegt, mit dem hoch auf dem Berge stehenden Rundpavillon, stillen Wanderwegen, Waldwiesen und Teichen sowie neuerdings der 1,7 km langen »Finnbahn« bildet mit den Brücken über die Kleine Wümme den Übergang zu dem dahinter entstandenen sehr gegensätzlichen freien und weiträumigen Erholungsgebiet am Stadtwaldsee (siehe Erholungsseen).

Rhododendronpark und Botanischer Garten, *36,5 ha, Hauptzugang Marcusallee; weiterer Zugang über Allmers Park; Horner Heerstraße; Parkplätze an der Marcusallee und am Deliusweg*

Die sehr unterschiedlichen, nebeneinanderliegenden Landgüter Rickmers Park und Allmers Park (ehemals Landgut Fritze) wurden ab 1936 bis in die Kriegszeit hinein von Gartendirektor Homann und Gartenarchitekt Berg zum Rhododendronpark gestaltet. 1949–1951 entstand der Botanische Garten unter Gartendirektor Erich Ahlers und um 1960 der gern besuchte kleine Heidegarten, in den sich das 1978 eröffnete Rhododendron-Café harmonisch einfügt. Seit 1972/74 blühen 400 Rhododendronarten aus wärmeren Klimazonen im Wilhelm-Kaisen-Haus und weiteren Glasschauhäusern mit über 2000 qm Grundfläche, gerade im späten Winter und frühen Frühjahr als neuer Anziehungspunkt. (Die Glasschauhäuser sind täglich geöffnet von 10.00 – 16.00 Uhr, sonnabends nur von 12.00 – 16.00 Uhr.)
Mit seiner großen Fülle von 1600 Rhododendronarten und -sorten, die von Ende April bis Ende Mai/Anfang Juni alles in eine bunte Zauberwelt verwandeln, zieht der Park jährlich weit über 300 000 Besucher an und ist die größte derartige Sammlung in Europa. In Sortimentsgärten können die verschiedenen Arten und Sorten miteinander verglichen, im Park in ihrer parkgestalterischen Verwendungsmöglichkeit, voll ausgewachsen, zusammen mit anderen immergrünen Laubgehölzen erlebt werden.
Besucher mit kleineren Kindern finden am Osteingang Marcusallee einen Kinderspielplatz. Eine Erweiterung des Parks in Richtung Horn ist langfristig vorgesehen.

Garten am Gut Riensberg/ Focke-Museum, *4 ha, Eingang von der Schwachhauser Heerstraße und »Unter den Eichen«*

Der ehemalige mittelalterliche befestigte Sitz ist durch den bis heute erhaltenen ringförmigen Graben um das im Rokokostil erbaute Gutshaus noch spürbar. Die Familie von Post, die auch in Oberneulander Parks wirkte, saß hier ab 1792 in dem schönen Herrenhaus, das 1768 für O. Ch. Schöne erbaut worden war. 1913 ging der Besitz durch Stiftung an die Stadt. Im hinteren Parkteil entstand 1964 das neue Focke-Museum mit den von Gartendirektor Erich Ahlers gestalteten intimen Gartenräumen sowie dem Mittelsbürener Bauernhaus auf der künstlich gestalteten Warft und dem Spieker (Speicher). Kleine Wanderpfade durchziehen das Gebiet bis zur Horner Kirche oder zum Allmers Park.

Golfplatz, *9-Löcher-Platz, 30 ha, Bürgermeister-Spitta-Allee*

Anfang dieses Jahrhunderts in den Wiesen und Weiden der Vahr entstanden, mit langer Eichenallee und schönen Baumgruppen, ist dieser Golfplatz an die wachsende Stadt herangerückt. Der Wanderweg zwischen Neuer Vahr/Paul-Singer-Straße und der Marcusallee/ Rhododendronpark gibt einen Einblick in die rund 1,6 km lange parkartige Anlage.

Anderssons Park, *1,6 ha, Rockwinkeler Landstraße, gegenüber der Oberneulander Mühle*

Teil des ehemaligen »Iken-Hoff«. 1962 wurde ein Parkteil durch die Stadtgemeinde Bremen angekauft. Schöne Wanderwegverbindung Neue Vahr – Achterdiek – Oberneulander Mühle durch die alte Eichenallee des Ikensdamm. Im hinteren Park liegt eine stille Picknick-Wiese.

Heinekens Park, *2,7 ha, Oberneulander Landstraße, nahe der Straße Eekenhöge*

Ehemaliges Vorwerk unter den Familien von Post und Dr. Schumacher sowie Bürgermeister Heineken; zunächst in französisch-holländischem Stil, dann ab zweiter Hälfte des 18. Jh. in romantisierendem landschaftlichem Parkstil weiter- und umgestaltet. Das in Norddeutschland einzigartige Heckentheater (etwa um 1770), die daran anschließende Parkachse und ein nebenliegender Teil im Landschaftsstil wurden 1975 der Öffentlichkeit zugängig gemacht. Das alte Herrenhaus ist mit dem restlichen Parkteil bis heute im Besitz der Familie Dr. Heineken.

Park Höpkensruh, *7 ha, Oberneulander Landstraße, gegenüber Ecke Lindenweg*

Sehr romantisch gestaltete Parkanlage mit kleinteiligen landschaftlichen Einzelräumen, mit Teichen, Inseln, Hügeln und großen Baumgruppen. Begonnen unter Dr. Schultz (1775–1826), ab 1859 von Kapitän Höpken weiter betreut, durch sein Testament seit 1893 öffentlicher Park. Die im Krieg abgebrannte Gaststätte »Höpkensruh« wurde nach dem Krieg als Restaurant und Hotel wieder aufgebaut und erhielt über dem Lindenrondell mit Blick auf den vorderen Parkteil und den einmalig großen nordamerikanischen Maiglöckchenbaum eine neue Sitzterrasse. In der Nähe spiegelt sich im kleinen Teich der Obelisk, der als romantisches Parkelement für die vier seinerzeit berühmten Botaniker Haller, Linné, Jaquin und Roth errichtet wurde. Liegestühle im Park; ein eichengesäumter Wanderweg führt entlang Muhle's Park bis zum Deich an den Wümmewiesen.

Muhle's Park, *11 ha, Oberneulander Landstraße, gegenüber Ecke Lindenweg*

1825 durch Familie Böving auf einem Meierhof erste parkartige Gestaltungen, von den Familien van Heemstra, Hoffmann und besonders Hegeler zum weiträumigen Landsitzpark weiterentwickelt. 1922 Übernahme durch Familie Muhle. 1975 Ankauf durch die Stadtgemeinde Bremen.

Im Gegensatz zum nebenliegenden Park Höpkensruh zeichnet sich dieser Landgutpark durch seine einfache Weiträumigkeit aus. Die schrittweise Entstehung ist noch bis heute klar erkennbar: vor dem Herrenhaus zur Straße hin der großzügige Parkvorraum, hinter dem Herrenhaus der alte Eichenbusch der ehemaligen Hofstelle, seitlich die lange Eichenallee des Wirtschaftsweges; hinter dem eigentlichen Park die Pferdekoppel mit umlaufendem Wanderweg, und dann die Weiden, übergehend in die Oberneulander Parklandschaft mit Wirtschaftswanderwegen bis hinaus zum Oberneulander Deich und weiter in die Wümmeniederung bis zum Hexenberg oder Fischerhude.

Ichons Park, *2 ha, Oberneulander Landstraße, Ecke Lindenweg*

Das ehemalige Vorwerk, Landsitz der Familie von Post, wurde von der Familie Holler im Bereich des 1843 entstandenen klassizistischen Herrenhauses im Stil eines Landschaftsparkes neu gestaltet. Der hintere, heute verlorengegangene axiale noch holländisch beeinflußte Parkteil wurde im 18. Jahrhundert möglicherweise unter Mitwirkung des Vaters des Schöpfers der Wallanlagen Altmann ausgebaut.
Seit Anfang dieses Jahrhunderts war das Landgut bis in die 70er Jahre von der Familie Ichon bewohnt und gepflegt. Durch Testament (und nach Errichtung eines Seniorenheimes, das hinter den großen Bäumen und dem restaurierten schönen Herrenhaus mit seiner Freskomalerei im Innern fast unsichtbar bleibt) wurde der vordere Parkteil 1977 der Öffentlichkeit zugängig gemacht mit einem Durchgang von der Oberneulander Landstraße bis zur Rockwinkeler Heerstraße über den Simon-Hermann-Post-Weg. Zusammen mit den gegenüberliegenden Parks Höpkensruh und Muhle's ist hier ein typisches Bild alter bremischer Kaufmannslandsitze in Oberneuland als Gartenensemble erhalten geblieben.

Park Gut Hodenberg, *7 ha, Oberneulander Landstraße, Ecke Hodenberger Straße (Stiftung »Der Hodenberg« – nicht öffentlich zugängig)*

Aus einem wasserumgebenen befestigten Platz des 12. Jh. entstand in der Renaissance ein Herrenhaus, das unter Kaufmann Robert Rickmers durch den Architekten und Maler Heinrich Vogeler mit Jugendstilelementen des beginnenden 20. Jh. versehen wurde. Der waldartige Park mit alten Wassergräben wirkt sehr geheimnisvoll romantisch. Man fährt an ihm vorbei auf dem Weg zum Hodenberger Deich.

Park der Egestorff-Stiftung, *15 ha, Osterholzer Heerstraße/Hahnenkamp, Stiftungsweg*

Ehemaliger sehr waldartiger Landgutpark, aus dessen erster barocker Entstehungszeit noch die alte Eichenallee in dem später im landschaftlichen Stil umgestalteten Park klar erkennbar ist, nacheinander bewohnt und gestaltet von Senator von Büren und den Familien Oelrichs und Egestorff. Von der Osterholzer Heerstraße aus sichtbar das im freieren Parkteil stehende klassizistische Herrenhaus. Durch Stiftung Anfang des Jahrhunderts mit einem in englischer Gartenstadt-Architektur sich parkgerecht einfügenden Altenheimbau mit schönem Innenhof, jetzt als stiller Park für die Senioren genutzt. In den 60er Jahren wurde auf freien Wiesen ein zusätzlicher Neubau errichtet, der nun dicht an die Bebauung in Osterholz-Tenever herangerückt liegt.

Peterswerder, Pauliner Marsch, Hastedter Osterdeich, *54 ha, Osterdeich*

Am Fuße des Osterdeiches entstanden aus den Anfängen des ersten Weserstadions von 1928 weitere Sportanlagen, die dann in den 50er Jahren zu einem den Charakter der ehemaligen Viehweiden aufnehmenden, von vielen Wanderwegen durchzogenen Sportpark wurden.
Die Hastedter Weserpromenade, endend am Wehrschlößchen, mit Übergang über das Wehr zum Werder hin, entstand ebenfalls zu Beginn der 50er Jahre und erhielt durch die Grünanlage am Jakobsberg mit den weitgemuldeten Rasenflächen und dem Durchblick auf die Weser zwischen den Sportanlagen ihren besonderen Akzent. Die Kleingärten im Suhrfeld und am Peterswerder ergänzen dieses vielfältige Erholungsgrün zu Füßen des Osterdeiches. Besondere Anziehungspunkte sind neben dem Weserstadion das Eisstadion wie auch das Rollschuhstadion, das auf der Warft liegende Restaurant »Jürgenshof«, die Tennisplatzanlagen und der Hafen des Segelvereins »Weser« am Peterswerder. Seit 1977 entsteht auf dem Gelände der ehemaligen Kiesbaggereien am Peterswerder ein neues Teilstück der Weserpromenade. Damit führt dann von der Innenstadt ein 4 km langer Wanderweg entlang der Weser mit Blick auf den gegenüberliegenden Stadtwerder.

Grünzug Findorff *Hemmstraße/Fürther Straße*	1 km langer, schmaler »grüner Finger« aus dem Findorffviertel zum Bürgerpark, vorbei an der kleinen Anlage mit der alten Lokomotive des ehemaligen »Moorexpress Jan Reiners«, der Martin-Luther-Kirche und dem Markt unter der jungen Allee an der Eickedorfer Straße bis hin zur Anlage am ehemaligen Torfhafen mit Übergang zum Bürgerpark. Ein Weiterbau jenseits des Utbremer Ringes ist geplant.
Stadtwerder – Kleine Weser – Werdersee, *223 ha Gesamtfläche, 100 ha Park- und Seenlandschaft, beiderseits der Werderstraße und des Kuhhirten- und Krähenbergweges*	Der Bau des langgestreckten Werdersees (37 ha) in den Jahren 1952–1958 machte den schon seit Generationen beliebten Stadtwerder mit seinen im und nach dem Weltkrieg auf dem Werder entstandenen weitläufigen Parzellengebieten — die zum wohl beliebtesten Kleingartenpark in Bremen wurden —, den Wassersportvereinen an der Weser und den Sportplätzen zwischen Kuhhirten und Krähenberg wieder zu einer wasserumschlossenen Halbinsel. Die großzügig gestalteten Wiesenflächen und Baumgruppen, Badestrand und Rodelberg sowie auf der Neustadtseite die hohe Deichpromenade mit neuem Blick auf die Altstadt, Domtürme und Osterdeich und seit 1977 am Deichschart die Bootswasserungsanlage bilden ein wichtiges, neues und weiträumiges Erholungsangebot. Diese parkgestalterische Landschaftsplanung war gleichzeitig die neuzeitliche Fortführung bremischer Grünplanung und Einleitung der für das Grün unserer Stadt in den 60/70er Jahren entstehenden bedeutsamen Planung der Erholungsseen. 8 km Wanderwegstrecke, beginnend an der Paulibrücke, nur zehn Minuten vom Roland, führen um den See und weiter noch 3 km auf dem Deich bis zum Korbhaus, zurück dann auf der Weserseite des Werders auf dem Strandweg oder hinüber zum Hastedter Osterdeich. Im Winter wird der abgesenkte See zur großen Eislauffläche. Gaststätten am Kuhhirten (mit Parkplatz) und am Krähenberg.
Huckelrieder Park, *3 ha, Ecke Buntentorsteinweg/Huckelriede*	Rest des ehemaligen Gutsparkes mit einem vielbegangenen Richtweg unter alten Bäumen zum Niedersachsendamm. Ein Kinderspielplatz wurde in den 30er Jahren in den Park eingegliedert und nach dem Krieg eine Erweiterung mit Rodelberg geschaffen. Auf diese Weise ist ein kleiner grüner Fleck im Gebiet Buntentor und Huckelriede erhalten geblieben.
Wolfskuhlenpark, 3 ha, Kattenturmer Heerstraße	Kleiner stiller Parkwald mit Wassergräben eines ehemaligen Gutsgrundstücks mit Durchgangswegen zu dem dahinter liegenden großen und noch wachsenden Kleingartengebiet.
Neustadtswallanlagen, *12 ha, zwischen Neustadtswall und Neustadts-Contrescarpe; Buntentorsteinweg und Friesenwerder*	Beginnend mit der kleinen – nach dem Krieg entstandenen – Sitzanlage am Friesenwerder mit Blick über die Weser auf den gegenüberliegenden Stephanigarten, weiter über die 1950–1952 mit Spielecken, Sitzplätzen, reichen Blumenbeeten und Mauern hergestellte »Anlage am Hohentorsplatz« bis hin zum reich besuchten Leibnizplatz mit Centaurenbrunnen und der kleinen Anlage an der Piepe mit Übergang zu dem Erholungsgebiet der Kleinen Weser und des Werdersees, wurde nach dem Kriege auch für die Neustadt der schmale grüne Ring der Neustadtswallanlagen endlich geschlossen. 1977 konnte das ehemalige Kasernengelände als neuer Teil der Anlagen mit einem Spielplatz am Hallenbad hergerichtet werden.
Uferpark Rablinghausen, *24 ha, Rablinghauser Deich (Parkplätze mit Blick auf die Weser und am Restaurant Lankenauer Höft)*	1972 bis 1974 entstand auf ehemaligen Spülfeldern des Hafenbaues links der Weser der 1,5 km lange Uferpark, beginnend am Rablinghauser Deich, mit weiten Rasenflächen und bastionsartigen Bodengestaltungen, dem »Lankenauer Monument« – im Volksmund »Schrottkiste« genannt – sowie Sitz- und Spielanlagen hinter Windschutzdämmen. Über dem breiten Promenadenweg am Weserufer führt der für diese Anlage typische kleine Deichweg in großem Bogen vom Parkplatz Rablinghauser Deich mit Ausblick sowohl auf die Weser, Werften und Hafeneinfahrt, wie auch auf den neuen Hafen mit seinen entstehenden Anlagen. Er endet mit kleinen Sitzanlagen, auf denen Schiffahrtszeichen und Anker angeordnet sind, am Lankenauer Höft mit der neuen Gaststätte. Dieser einfach gestaltete neue Uferpark gibt erstmals die Möglichkeit, in die Bremer Hafen- und Werftwelt hineinzuschauen. Stadteinwärts führt entlang der Weser der Uferwanderweg bis hin zum Westerdeich vorbei an der Hanseatenkampfbahn und Kleingärten.

Grünzentrum Huchting, Sodenmattsee
– später 27 ha –, zwischen alter Obervielander Straße, Luxemburger Straße, Am Sodenmatt, Delfter Straße; Nähe Heinrich-Plett-Allee

1960–1962 entstand in der feuchtesten Zone von Huchting der 7 ha große Sodenmattsee; es folgten bald der Badestrand, ein 10 m hoher Rodelberg und ein umlaufender Spazierweg. Wenn auch noch nicht vollendet, geben die großgewordenen Bäume mit den Wiesenflächen dieser von der Bevölkerung viel genutzten Grünfläche schon heute ein recht parkartiges Aussehen. Weitere Wanderwege, Liegewiesen, Spielbereiche und ein Festplatz sowie waldartige Baumpflanzungen in der Nähe des geplanten Bürgerzentrums und Hallenbades Delfter Straße und das auf 10 ha erweiterte alte Sportplatzgebiet werden in einigen Jahren vollendet. Damit wird mitten im Wohngebiet der Typ eines neuzeitlichen Erholungsparks mit vielfältigem Angebot als grünes Zentrum für Huchting entstehen. Parkplätze Nähe Sodenmatt und später in der Delfter Straße.

Grünanlagen Neue Vahr,
31 ha, Kurt-Schumacher-Allee, Otto-Suhr-Straße; Bürgermeister-Reuter-Straße, Dietrich-Bonhoeffer-Straße

1957 bis 1978 schrittweise fertiggestellt, geprägt durch Wasserzüge, Teiche und an der Berliner Freiheit durch den »Vahrer See« mit umlaufenden Wanderwegen, Sitzplätzen und Modellboothafen. Damit wurden typische Bremer landschaftsgärtnerische Gestaltungselemente erstmalig in öffentliche Grünanlagen des Wohnungsbaues eingeführt. Drei Fußgängerbrücken über die Franz-Schütte-Allee stellen die Verbindung her zum schmalen Grünzug in der Vahr Nord und den Kleingärten entlang der Autobahn, mit der großen Wanderwegverbindung von Osterholz zum Rhododendronpark. Aus diesem Wohngebietsgrün führen weitere Grünverbindungen nach Blockdiek. Ein 15 ha großes Kleingartenband mit vielfältigen Wanderwegen bildet den Übergang zum Erholungsgebiet Achterdiek, zum Anderssons Park und nach Oberneuland.

Rennbahn, *38 ha, Vahrer Straße/Ludwig-Roselius-Allee*

Mit seinen Tribünen aus der Jugendstilzeit, den weiten Durchblicken über das Gelände auf die markante Silhouette der Hochhäuser der Neuen Vahr ist der »Rennplatz« ein Stück bremischen Parkgrüns von hohem Freizeitwert für Familien aller Bevölkerungsteile, wenn im Sommerhalbjahr die Rennen vom Bremer Rennverein – wie schon seit 1875 – veranstaltet werden. Die Pflege der Anlagen erfolgt seit 1977 durch die Stadt. Das kleine Restaurant ist an Renntagen geöffnet.

Grünanlagen Grünzentrum Leher Feld,
38 ha, Kopernikusstraße, Ohmstraße, Curiestraße

Dieses neue Grüngebiet entstand im Zuge des Wohnungsbaues 1967/68 und spiegelt die neuen Aufgabenstellungen, die das Grün in der Stadt von heute zu erfüllen hat, gut wider durch die vielseitige Verflechtung von parkartigen Grünflächen mit Wasserzügen, kleinen Teichen, den großwerdenden Bäumen und langen Rasenbändern, Sitzplatzanlagen, kleinen Rodelhügeln einerseits und daneben offenen Kleingartenparkanlagen und unterschiedlichen Spielplätzen, Sportanlagen und am Grün liegenden Kindertagesheimen und Schulen. Trotz der Vielfältigkeit ist in sehr einfacher Form typisch bremisches Parkgrün in neuer Art entstanden, als großes grünes Wegekreuz mit 4 km langen Wanderwegen zwischen Leher Heerstraße und Lehester Deich sowie Lilienthaler Heerstraße und Oberneuland.

Grünanlagen Blockdiek,
13 ha, Mülheimer Straße, Kölner Straße

Der großzügige kanalartige Wasserzug mit den ihn säumenden Baumpflanzungen, Rasenflächen und mit umlaufendem Wanderweg ist besonders typisch für den Charakter dieser Wohngrünanlage. Ein kleiner Teich, ein Rodelberg und die 6,5 ha große Bezirkssportanlage an der Mülheimer Straße sowie weitere vier Spielplätze ergänzen diese Grünanlagen direkt im Wohngebiet. Das Grünsystem wird auch hier weitergeführt durch den 11 ha großen anschließenden Kleingartenpark; und schon in wenigen Minuten ist man jenseits der Autobahn über den Heinrich-Baden-Weg im Erholungsgebiet Achterdiek oder in der Parklandschaft von Oberneuland und auf der anderen Seite in der Neuen Vahr oder am Osterholzer Friedhof.

Öffentliche Grünanlagen Tenever,
16 ha, Otto-Brenner-Allee/Neuwieder Straße

Ein noch nicht ganz fertiggestelltes schmales, grünes Band, auch hier mit langen Wasserzügen, umlaufenden Wanderwegen und Sitzplätzen, stellt die Verbindung her zum langsam entstehenden, geplanten Erholungsgebiet jenseits der Autobahn am Bultensee und Behlingsee sowie zu den Wanderwegen in die Wümmeniederung und ins Königsmoor.

Schloßpark Sebaldsbrück,
4,5 ha, Schloßparkstraße/ Sebaldstraße

Das ehemalige adlige Gut wurde ab 1843 zum Landgut und 1864 von der Familie Adami mit einem Herrenhaus im englisch-gotischen Stil der damaligen Zeit bebaut, das 1903 zur Gaststätte im öffentlichen Park wurde. Nach dem letzten Kriege waren umfangreiche Wiederherrichtungen erforderlich. Typisch sind die zwei großen durch Baumreihen geschaffenen rechteckigen Parkräume; im hinteren Teil die kleine Spielwiese. Bisher nur für die Anwohner der näheren Umgebung interessant, wird der Park in Zukunft durch das neue in der Nähe entstehende Schulzentrum und Hallenbad sowie den geplanten Stadtteilfestplatz neben dem Schloßparkbad eine größere Bedeutung erhalten.

Utbremer Grün
zwischen Bürgerm.-Deichmann-Straße/Steffensweg und Landwehr-/ Wartburgstraße

Der 1,6 km lange Grünzug von der Hans-Böckler-Straße/Volkshaus bis Elisabethstraße wurde 1953–1966 über die Trümmer und Straßen des alten Bremer Westens hinweg geschaffen. Damit erhielt der neue Westen einen Spazierweg im Grünen unter Bäumen, fast mit Anschluß an die Wallanlagen. Die Sportanlage am Panzenberg, der Spielplatz an der Bornemacher Straße, Kindertagesstätten und Schulen erweitern und ergänzen dieses Grün. Verschiedene kleine Anlagen in den Einzelbereichen, wie die Anlage am Hochhaus Schifferstraße/Hansestraße, die Gedenkplastik für den Wiederaufbau des Bremer Westens in Nähe Grenzstraße, sind bereichernde Punkte in dieser einfachen ersten neuen Grünanlage nach dem Kriege.

Waller Park,
6 ha, Waller Heerstraße, Lange Reihe, Emder Straße

Ehemaliger Adelssitz des 15. Jahrhunderts, dann Gutspark u. a. der Familie Achelis, mit romantisch kleinem Teich und großen alten Lindengruppen und -reihen an ehemaligen Gutsbauten.
1928 durch die Stadtgemeinde Bremen erworben und durch Gartendirektor Freye für die Nutzung durch die Öffentlichkeit und am Rande mit einem Spielplatz umgestaltet. Damit wurden neue, unter sozialen Aspekten stehende Tendenzen und Aufgaben eingeleitet, die kleine Stadtteilparks heute zu erfüllen haben.
Eine schmale Fortführung bis zur Emder Straße 1965/67 schuf einen neuen Zugang zum nebenliegenden Waller Friedhof, der mit seiner Stille den Park als wichtige Grüninsel in diesem Gebiet ergänzt.

Grünzug *im Westen – Walle – Gröpelingen – Oslebshausen zwischen Waller und Gröpelinger Heerstraße und Rübekamp/Seewenjestraße bis Heidbergstraße*

Seit 1953 abschnittsweise in unterschiedlichen Formen in 2,3 km Länge, bisher von der Alten Waller Straße bis zur Wischhusenstraße, ausgebaut. Dieses zweite schmale grüne Band im Bremer Westen bietet wohnungsnah Spaziermöglichkeiten mit Sitz- und Spielanlagen, wie z. B. an der Moorstraße oder an der Stoteler Straße. Die geschwungenen Wege führen unter heranwachsenden Bäumen durch das lange Rasenband. Der alte Waller Park erhält so einen „grünen Finger" bis Oslebshausen, der durch das Freibad wie das neue Hallenbad in Walle besondere Bedeutung bekommt.

Oslebshauser Park,
fast 10 ha, an der Oslebshauser Heerstraße/ Nonnenberg/Heerweg

Der ehemalige stark waldartige Gutspark mit kleinen Teichen wurde 1931 durch die Stadtgemeinde Bremen erworben und durch Gartendirektor Freye für seine neuen Aufgaben umgestaltet. Das Gutshaus dient als Bibliothek, eine Schule liegt am Rande des Parks. Eine Erweiterung mit helleren Wiesen ist zum alten Heerweg hin geplant. Der nebenliegende Spielpark Finkenau aus den 30er Jahren und das neu entstandene Bürgerzentrum Oslebshausen, Am Nonnenberg, sowie die Sportanlagen an der Oslebshauser Landstraße mit einer Erweiterung werden die Bedeutung dieses kleinen Parks für den Ortsteil noch steigern.

Die Bremer Seen

Die aus der Eiszeit stammenden Sandlager unter den grünen Wiesen, das hoch anstehende Grundwasser und die Notwendigkeit, für Straßen, Autobahn und andere Baumaßnahmen große Sandmassen zu gewinnen, ließen nach 1950 sieben Erholungsseen und drei stille Landschaftsseen entstehen – der letzte an der Dunge wird zur Zeit noch gebaggert. Mit diesen zwischen 5 ha und 40 ha großen Seen kam ein neues Element in unsere Stadtlandschaft, das die Park- und Erholungsflächen sowohl in den Gestaltungs- wie Nutzungsformen ergänzt und erweitert. Zum Teil können sie zu einem gewissen Ersatz für die verlorengegangenen natürlichen Ufer an der Weser werden.

Erholungsseen
Werdersee,
37 ha (siehe auch Stadtwerder, Kleine Weser, Werdersee), Kuhhirtenweg (Parkplätze)

In 2,5 km Länge und nur 2 1/2 Meter tief, entstand er in den Jahren 1952 bis 1958 als erster und größter der Seen. Er wird durch einen kleinen Kanal von der Weser oberhalb Hemelingen eingespeist, dient bei Hochwasser als Flutrinne und ist durch einen kleinen Überlauf am Deichschart mit der Kleinen Weser verbunden. Badebucht mit Parkplatz am Kuhhirten; Wasserungsanlage für jedermann und für kleinere Regatten mit Parkplätzen und Zufahrt vom Deichschart; beliebt als weiträumiges Erholungsgebiet für Segeln, Bootfahren und im Winter bei abgesenktem Wasserstand zum Schlittschuhlaufen.

Stadtwaldsee,
30 ha, Straße »Am Stadtwald«, Wetterungsweg oder Hochschulring (Parkplätze)

1971/72 hinter dem Stadtwald entstanden, ist dieser große mit 18–20 Meter auch der tiefste Sandentnahmesee. Er wurde von Badelustigen und auch von »Textilfreien« erobert. In den Jahren 1974–1977 mit rund 20 ha Strand, Liegewiesen und »Liegekojen« sowie neuen Gehölzpflanzungen und 2,5 km umlaufenden Wanderwegen weiter ausgebaut, bietet dieser See einen schönen einfachen landschaftlichen Freiraum für extensive Erholung hinter dem Stadtwald. Besonders beliebt ist er auch bei Windsurfern, für die eine Wasserungsanlage in der Nordwestecke mit Zufahrt über die Hemmstraße und Hochschulring mit Parkplatz gebaut wurde. Weitere Parkplätze am Wetterungsweg und am Hochschulring.

Achterdieksee,
8 ha, Franz-Schütte-Allee; Parkplatz an der Franz-Schütte-Allee

Entstanden 1970/71 und in den folgenden Jahren weiter ausgebaut, wird dieser See zur Kernzelle eines 80 ha großen sportlichen Erholungsparkes in der schönen bäuerlichen Parklandschaft des Achterdiekgebietes werden, direkt neben den großen Wohngebieten Neue Vahr und Blockdiek.
7 ha Liegewiesen als erster benutzbarer Bauabschnitt, 1,8 km Wanderwege, die überleiten in die schöne Eichenallee des Ikensdamm bis Oberneuland, bieten schon heute eine sehr fertige Parklandschaft an. Das kleine Achterdiekbad und die Anlagen des Bremer Hockey-Clubs (ehemals Polo-Platz) am Heinrich-Baden-Weg werden später in diesen Sportpark einwachsen, dessen besondere Attraktion vielleicht eine große Eisschnellaufbahn, daneben aber auch stille Zonen sein werden.
Erreichbar für Radfahrer und Fußgänger durch Unterführung aus der Neuen Vahr, durch Überführung aus Blockdiek und von Rockwinkel über den Heinrich-Baden-Weg.

Bultensee,
5 ha, 13 ha Liegewiesen, Pkw: Behlingseestraße; sonst Hodenberger Deich, Bulten-Tunnel

Der kleine See, 1970 gebaggert, mit funktionsfähigen Spiel- und Liegewiesen, soll Kernzelle für ein noch auf niedersächsischem Gebiet weiter entstehendes Freizeit- und Erholungsgebiet, langfristig in Größe von rd. 60 ha, werden.

Mahndorfer See,
6 ha, Mahndorfer Heerstraße/Mahndorfer Deich

Erster Entnahmesee für den Autobahnbau 1961/62, in vielen Teilen noch provisorisch, mit kleiner Badestelle und Liegewiese. Langfristig ist die landschaftliche Ausgestaltung eines größeren Erholungsgebietes vorgesehen. Eine Badestelle für Schwerbeschädigte liegt unterhalb des kleinen Friedhofes.

Sodenmattsee
in Huchting, 7 ha, alte Obervielander Straße, Nähe Heinrich-Plett-Allee, Am Sodenmatt

In rundlicher Form mit Badebucht und Parkplätzen am Sodenmatt, entstand er 1960/62 durch Sandentnahme für die B 75 und ist das belebende Moment des schrittweise entstehenden Grünzentrums Huchting (siehe Grünzentrum Huchting).

Waller Feldmarksee,
12,5 ha, verlängerte Waller Straße/Mittelwischweg

25 ha umgebende Wiesenfläche, 2,5 km Wanderwege, entstanden 1972/73. Sie wurden in den folgenden Jahren landschaftlich ausgestaltet. Großer Parkplatz am Mittelwischweg, ein kleiner an der Wasserungsanlage bei der verlängerten Waller Straße.
Langfristig ist ein Erholungsgebiet am See in Größe

von 70 ha vorgesehen und in späteren Jahrzehnten nach Abschluß des Waller Schuttberges eine weitere Fläche von rund 180 ha als zusammenhängender großer Freizeit- und Erholungspark für den Bremer Westen mit Ausblick von 50 hohen »Bergen« der Schuttkippe in die Weite der Wümmeniederung. Westlich des Sees schließt schon heute das große Kleingartengebiet in der Gröpelinger Feldmark mit dem Wanderweg am Maschinenfleet an – weitere 115 ha intensiv genutztes öffentliches Grün.

Stille Landschaftsseen –
Der **Kuhgrabensee,**
17 ha, Kuhgrabenweg

Gleich hinter der Autobahnbrücke des Kuhgrabenweges entstand in den Wiesen des Blocklandes 1971/72 dieser von Anglern gern besuchte See, der als Teil der Blocklander Landschaft geplant ist und nicht für lauten Badebetrieb.

Grambker Feldmarksee,
8 ha, Grambkermoorer Landstraße

In den moorigen Wiesen jenseits der Autobahn am Maschinenfleet 1972 entstanden und zwischen den umgebenden moorigen Überdeckungsböden in einem hügeligen Landschaftsausschnitt gelegen, wird dieser See von Anglern gern besucht.

Dunger See,
15 ha, Lesumbroker Landstraße

Als Ausbaggerung 1977/78 für die notwendigen Aufschüttungen des neuen Westfriedhofes, wird dieser See mit ökologischen Feuchtzonen so geplant, daß er möglichst zu einem kleinen stillen Landschaftsreservat wird.

Die Friedhöfe

Riensberger Friedhof,
29 ha, Friedhofstraße/ Riensberger Straße, Eingang Friedhofstraße, Nebeneingang zur Feierhalle Beckfeldstraße.

Zur gleichen Zeit wie der Waller Friedhof und ebenfalls nach Entwürfen des Parkgestalters Benque vor 103 Jahren, 1875, entstanden, da die unter Napoleon eröffneten kommunalen Friedhöfe am Doventor und in Nähe des jetzigen Gustav-Deetjen-Tunnels nicht mehr ausreichten. Erstmals wurde hier das Prinzip der aufgehöhten Gräberfelder durch Schaffung vertiefter Wasserzüge – sehr modern unter Einsatz von dampfgetriebenen Förderschnecken – angewendet und eine bewußte parkartige Gestaltung für einen Friedhof geschaffen, die alle zukünftigen Friedhofsgestaltungen in Bremen beeinflußte. Die kleine neogotische Backsteinkapelle aus den 70er Jahren des vorigen Jahrhunderts am Eingang der Friedhofstraße sowie das in einem mehr dem Klassizismus folgenden Jugendstil 1903 von Architekt Behrens erbaute Krematorium am See und viele große Grabmäler prägen das Bild dieses schönen Friedhofes.

Waller Friedhof,
29 ha, Waller Heerstraße, Eingang Waller Friedhofstraße, Nebeneingang aus dem Grünzug Emder Straße am Waller Park und vom Pastorenweg (Parkplätze an Waller Heerstraße)

Auf den Flächen eines ehemaligen Gutes entstand 1875 nach Plänen des Gestalters des Bürgerparks Benque dieser Friedhof – eingeweiht am selben Tag wie der Riensberger Friedhof – in teilweise strengen Formen im Eingangsbereich und parkartig romantischen Formen des ausklingenden 19. Jahrhunderts mit bewegten Wasserzügen, ähnlich wie der Riensberger Friedhof bzw. der Bürgerpark. Der nun alt gewordene Baumbestand und der nebenliegende Waller Park geben diesem Friedhof hart an der Hafenrandzone eine besondere Eigenart. Bemerkenswert: einige schöne Grabmäler aus der Jugendstilzeit über den Wasserzügen. Die eindrucksvolle Feierhalle wurde von dem bekannten Sakralbaumeister Professor Bartning Ende der 50er Jahre gebaut.

Osterholzer Friedhof,
83 ha, alter Haupteingang Osterholzer Heerstraße, Eingang Ludwig-Roselius-Allee (P), Westeingang Steinmetzenweg (P)

Dieser größte stadtbremische Friedhof wurde nach dem Ersten Weltkrieg in streng architektonischer Gestaltungsform des beginnenden 20. Jh. von Gartendirektor Paul Freye geschaffen. Die grachtartigen Wasserzüge unter Baumalleen und die deichartigen Böschungen der Gräberfelder geben diesem Friedhof mit den ruhigen Klinkerbauten und der großen Kuppel der Feierhalle von Professor Seeck ein ganz besonderes bremisch gewordenes Gepräge. Die Erweiterungen unter Gartendirektor Erich Ahlers in den 50er und 60er Jahren wurden in gleicher Grundform ausgeführt und haben diesen Friedhof zu einem wesentlichen Element der Bremer Park-Friedhöfe gemacht.

Huckelrieder Friedhof, *27 ha, Habenhauser Landstraße (Parkplätze am Eingang)*	Entstanden nach Plänen von Gartendirektor Erich Ahlers (Feierhalle: Architekt Müller-Menckens). Der mit den Aushubböden des künstlich geschaffenen Werdersees 6 Meter aufgehöhte Friedhof mit vertief-	ten Gräberfeldern, die jeweils fast einem kleinen Dorffriedhof entsprechen, ruht mit seinem dichten Eichensaum wie eine Krone über dem Werdersee.
Die kleineren städtischen Friedhöfe, *16 ha*	Neben den größeren Friedhöfen gibt es in mehreren Ortsteilen noch eine Reihe kleiner ehemals kirchlicher Friedhöfe, die im Laufe der Zeit durch die Stadt übernommen wurden, sowie den früher privat betriebenen Friedhof	Buntentor. Sie behielten die gewachsene Eigenart in ihrer alten Umgebung, so in Hastedt, Hemelingen, Mahndorf, Gröpelingen, Woltmershausen und Huchting.
Waldfriedhof Blumenthal, *24 ha, Turnerstraße*	Am Rande des Lüssumer Waldes, zumeist noch ein Teil davon, entstand in den 60er Jahren dieser Friedhof nach Plänen des Gartenarchitekten Müller. Kiefern	und Birken des Waldes sowie Heideflächen prägen das sehr landschaftlich und weich geformte Bild dieses einzigen Waldfriedhofes in Bremen.
Friedhof Aumund, *10 ha; Beckstraße*	Schön gelegener ländlicher Friedhof über der Becke am Rande von Aumund.	
Geplanter **Friedhof an der Dunge,** *sog. Westfriedhof, 50 ha, Lesumbroker Landstraße*	Auf dem Gelände der Kleinen Dunge an der Lesumbroker Landstraße entsteht der wohl letzte Friedhof in Bremen. Die alte Warft des ehemaligen Gutes »Dunge« wird als Eingangsraum erhalten. Breite Wasserzüge werden diesen Friedhof am Lesumdeich wie in	Osterholz charaktervoll bremisch formen und in die alte Niederungslandschaft einbinden. Ein Planungsteam mit Landschaftsarchitekt Winkler, Architekt Latta und Bildhauer Koblasa erarbeitet den Entwurf.
Kirchliche Friedhöfe, *Bremen-Stadt, 8,4 ha: Horn, Borgfeld, Oberneuland, Arbergen, Oslebshausen, Arsten, Rablinghausen, Seehausen, Huchting*	*Bremen-Nord, 31,2 ha: Grambke, Lesum, Mittelsbüren, Wasserhorst, Grohn, Aumund, Vegesack, Rekum, Farge, Neuenkirchen und weitere drei in Blumenthal*	Meist noch echte »Kirchhöfe« in den Kernen der ehemals dörflichen Ortsteile, haben sie flächenmäßig besonders in Bremen-Nord, aber auch im übrigen Stadtgebiet, als Bestattungsplatz noch ihre Bedeutung.
Die wesentlichsten Kleingartenparks	Ob alte große Gebiete, wie am Stadtwerder, in Gröpelingen usw., schrittweise mit neuem sonstigem Erholungsgrün für alle Bürger vielfältiger gemacht werden oder ob neue Gebiete, gleich verflochten geplant mit anderen	Grünflächen an den Wohngebieten, sind sie als Kleingartenparks zu einem wesentlichen Bestandteil der Bremer Grün- und Parkanlagen geworden, stets lohnend für einen Spaziergang.
Schwachhausen, *32 ha, 498 Gärten*	Zwischen Parkallee/Bürgerpark und H.-H.-Meier-Allee, Heinstraße, z. T. schon 70 Jahre alt, Teile in den	50er Jahren entstanden. Rund 500 Gärten verbinden abwechslungsreich Wohngebiete und Bürgerpark.
Gartenstadt Vahr, *11 ha, 204 Gärten*	P. Julius-Brecht-Allee/Ecke Konrad-Adenauer-Allee; alte und neue Gärten wuchsen zu einem bunten Klein-	gartenpark zwischen den Wohngebieten zusammen.
Neue Vahr-Süd, *4 ha, 84 Gärten*	(»Rose am See«) P. Franz-Schütte-Allee bei Gärtnerei Hanning. 1962 entstanden mit breitem Wanderweg.	

Neue Vahr-Nord, *6 ha, 96 Gärten*	P. Julius-Bruhns-Straße, 1964 entstanden – siehe Grünanlagen Neue Vahr.
Blockdiek, *11 ha, 166 Gärten*	P. Gladbecker Straße. Diese drei Gebiete bilden den großen Grünzug vom Osterholzer Friedhof bis zum Rhododendronpark – siehe Grünanlagen Blockdiek.
Leher Feld, *11 ha, 243 Gärten*	(»Victor Heynig«) – siehe auch Grünzentrum Leher Feld – P. Curiestraße/Am Rüten. In den 60er Jahren entstand gleich mit dem Wohngebiet und von vornherein mit Grünzügen, Teichen, Sport- und Spielanlage verflochten geplant dieser sehr schöne Kleingartenpark zwischen den Wohngebieten.
Pauliner Marsch, *23 ha, 469 Gärten*	– siehe auch Osterdeich – P. am Weserstadion, vom Peterswerder bis zum Suhrfeld lagern sich die alten Kleingartengebiete zwischen Sportplätzen und der Weserpromenade am Fuß des Osterdeichs.
Stadtwerder, Hastedter Bulten, *90 ha, 1914 Gärten*	– siehe Stadtwerder, Werdersee — P. Kuhhirtenweg. Größtes und beliebtestes Kleingartengebiet in der Erholungslandschaft zwischen Weser und Werdersee.
Feldmark Gröpelingen, *93 ha, 1360 Gärten*	P. am Mittelwischweg, 1,5 km langes Gebiet hinter der BAB mit parkartigen neuen Gebietsteilen neben dem Erholungssee Waller Feldmark und am Maschinenfleet, wird zum Ausflugsgebiet des Westens.
Neustadt-Süd, Huckelriede, *15 ha, 284 Gärten*	P. Volkmannstraße. Alte und neue Parzellen wachsen mit einer Sportanlage und Wanderwegen zu einem neuzeitlichen Erholungsgrünzentrum zusammen.
Habenhausen *11 ha, 169 Gärten*	Südlich Friedhof Huckelriede entsteht ein neuer Kleingartenpark mit Wanderwegen und einem Teich, später einer Sportanlage und eventuell einer Erweiterung des Huckelrieder Friedhofes, alles zusammen ein vielfältiges Grünzentrum von gut 80 ha Größe. 119 sechseckige Gärten sind schon fertiggestellt.
Wolfskuhle – Märchenland, *40 ha, 640 Gärten*	P. Wolfskuhlenweg. Seit 1956 schrittweise weiterwachsend am Wolfskuhlenpark mit Zufahrt vom Wolfskuhlenweg. Der weite Blick zum Flughafen und über die Ochtumwiesen ist besonders reizvoll.
Kattenesch, *7,5 ha, 116 Gärten*	P. Soester Straße. Gärten aus den 60er und 70er Jahren werden Teil eines langsam entstehenden Grünzuges und Wanderwegsystems im Obervieland.
Woltmershausen/ Reedeich, *23 ha, 414 Gärten*	P. Reedeich, Zufahrt Warturmer Heerstraße. In den 60er Jahren entstanden; später wird das Gebiet durch weitere Parkanlagen ergänzt werden, daneben das alte Kleingartengebiet.
Rablinghausen, *12,3 ha, 230 Gärten*	P. Rablinghauser Deich und Uferweg. Neue Kleingärten des Vereins »Hanse Kogge« öffnen sich mit breitem Grünzug zum Park und schließen das alte Parzellengebiet an. – Siehe Uferpark Rablinghausen.

Ochtum, *20 ha, 350 Gärten*	P. Bochumer Straße. Alte und neue Gärten am Deich der Ochtum sind für die Bewohner der alten Neustadt zum Ziel von Spaziergängen geworden.
Huchting/Hohenhorster Weg, Hermannsburg, *7 ha, 119 Gärten*	P. Hermannsburg. Kleingärten mit Wanderwegen, Spielplatz, Tennisanlagen, Schule und Kirche als grüner Ortsrand vom Hohenhorster Weg bis zur Haarlemer Straße.
Huchting/ Heinrich-Plett-Allee, *8 ha, 85 Gärten*	P. Leeuwarder Straße. Bis zur Varreler Bäke hin entsteht ein neuer Kleingartenpark mit sechseckig verschachtelten Gärten und grünem Anger.

Die wesentlichen Kleingartenparks in Bremen-Nord

Bremen-Nord/ Im Rahland, *2,6 ha, 64 Gärten*

P. Borchshöher Straße/Schmugglerweg. Alte Gärten wurden zu einer wunderhübschen Anlage mit Rasenwegen.

Fuchsberg, *2,8 ha, 39 Gärten*

P. Ziegeleiweg. Auf einem ehemaligen Schuttberg entstand die kleine Kolonie mit Blick auf Grohn.

Die wesentlichen Parks in Bremen-Nord

Knoops Park *mit den Parks Schotteck und Lesmona, 50 ha, zum Lesum-Uferpark geworden. An der Straße »Auf dem Hohen Ufer« (Parkplätze am Raschenkampsweg)*

Um 1870 schuf der Gartenarchitekt Benque, Schöpfer des Bürgerparkes, für den Kaufmann Baron von Knoop den Park Schloß Mühlenthal als großzügigen, in das Steilufer der Lesum eingefügten Landschaftspark mit seinem weiten Ausblick über Lesum und Weser bis nach Bremen und ins Oldenburger Land. Das tief eingeschnittene, romantisch gestaltete, von einem Bach durchflossene Mühlenthal führt hinunter zum 5 km langen Admiral-Brommy-Weg an der Lesum (vom Hafen unterhalb der Kirche bis hin nach Vegesack).
1936 wurde der Park angekauft, das schloßartige Wohnhaus abgebrochen und die Anlage durch Gartendirektor Homann mit dem Gartenarchitekten Roselius zum öffentlichen Park umgestaltet.
Die lesumabwärts anschließenden Parks Schotteck und Lesmona mit wunderschönen Wanderwegen am Steilufer wurden nach dem letzten Krieg durch den Gartenarchitekten Müller dieser Gesamtparklandschaft harmonisch eingefügt. Besonders schön ist dieser Bereich zur Rhododendron- und Azaleenblüte. Jenseits der Straße »Auf dem Hohen Ufer« liegt der alte Buchenwald des Knoopschen Parkes, in dem noch heute die Buschwindröschen blühen.

Weserstrandpromenade Vegesack mit Stadtgarten, *1 ha, an der Hafenstraße und Gerhard-Rohlfs-Straße*

Die Promenade, beginnend bei der Vegesacker »Strandlust«, seit 1975 in neuer Gestalt, entlang der Spundwand, die durch den stärkeren Schiffsverkehr das ehemalige Strandufer ersetzen mußte, wird durch den Stadtgarten Vegesack mit seinen terrassierten Anlagen erweitert. Dieser ehemalige Villengarten, der sich hinaufzieht bis zur Gerhard-Rohlfs-Straße, läßt mit dem interessanten Ausblick auf Werften und Schiffsverkehr im großen Vegesacker Weserbogen fast ein bißchen »Elbblick« an der Weser anklingen.

Uferpark Blumenthal *– »Bahrs Plate« –, 6 ha, Weserstrandstraße, Landrat-Christians-Str. und Kapitän-Dallmann-Straße*

Am kleinen Hafen Blumenthal entstand in den 60er Jahren diese Anlage an der Weser mit Promenade, reich gestalteten Sitzplätzen und Blumenpflanzungen, gepflegten Rasenflächen, einem Spielplatz und weiten Liegewiesen mit Blick auf die Weser, die Fähre und das gegenüberliegende Oldenburger Land.

Rönnebeck – Dillener Park und Deichwanderweg, *1 ha, Dillener Straße/ Wietingsgang*

Wo der hohe Geestrücken von der Weser zurücktritt, um sie bald in die tiefe Marsch zu entlassen, liegt unter hohen Bäumen der kleine Dillener Park. Am Uferhang an der Weser führt der 3 km lange Deichweg bis zur Weserfähre in Farge – und der Ausflugsgaststätte Meyer-Farge mit dem Anleger –, ein besonderes Stück Landschaft unserer Stadt.

Verzeichnis der wesentlichen Bremer Grün- und Parkanlagen

Erläuterungen zu der Karte am Anfang des Buches

Die wesentlichen Parks und Gärten

Altstadtswallanlagen **39**
Bürgerpark und Stadtwald **42**
Rhododendronpark und Botanischer Garten **58**
Garten am Gut Riensberg/ Focke-Museum **47**
Golfplatz **59**
Anderssons Park **57**
Heinekens Park **52**
Park Höpkensruh **53**
Muhle's Park **54**
Ichons Park **56**
Park Gut Hodenberg **55**
Egestorff-Stiftung **69**
Hastedter Osterdeich, Pauliner Marsch, Jakobsberg **77**
Stadtwerder, Werdersee **78**
Grünzug Findorff **41**
Neustadtswallanlagen **37**
Uferpark Rablinghausen **27**
Huckelrieder Park **80**
Wolfskuhlenpark **82**
Grünzentrum Huchting, Sodenmattsee **34**
Grünanlagen Neue Vahr **64**
Galopprennbahn **65**
Grünanlage Blockdiek **63**
Grünanlagen Grünzentrum Leher Feld **49**
Öffentliche Grünanlagen Tenever **68**
Schloßpark Sebaldsbrück **70**
Utbremer Grün **40**
Waller Park **32**
Grünzug im Westen **24**
Oslebshauser Park **21**

Die Bremer Seen

Erholungsseen

Werdersee **79**
Stadtwaldsee **43**
Achterdieksee **62**
Bultensee **67**
Sodenmattsee **33**
Mahndorfer See **73**
Waller Feldmarksee **23**

Stille Seen

Kuhgrabensee **44**
Grambker Feldmarksee **18**
Dunger See **14**

Die großen städtischen Friedhöfe

Riensberger Friedhof **46**
Waller Friedhof **31**
Osterholzer Friedhof **66**
Huckelrieder Friedhof **85**
Waldfriedhof Blumenthal **3**
Friedhof Aumund **7**
Geplanter Friedhof an der Dunge **14**

Bremer Grün in Zahlen

	Einwohner	Fläche	Grünanlagen		Sport-anlagen	Spielplätze
Bremen-Stadt	459 600	26 354 ha 573,4 qm/E	Kommun. Grünflächen	391 ha 8,5 qm/E	203 ha 4,42 qm/E	41 ha 0,89 qm/E
			Bürgerpark * (Verein)	203 ha 4,42 qm/E	95 ha Freizeit 2,07 qm/E	
			Rennplatz	31 ha 0,67 qm/E		
Bremen-Nord	104 900	6 062 ha 577,9 qm/E	Kommun. Grünflächen	90 ha 8,58 qm/E	52 ha 4,96 qm/E	15 ha 1,43 qm/E
			Wald	145 ha 13,8 qm/E		
	564 500	32 416 ha 574,2 qm/E		860 ha 15,2 qm/E	350 ha 6,2 qm/E	56 ha 0,99 qm/E

Überbaute und Verkehrsflächen 15 650 ha. Land- und forstwirtschaftliche Flächen 10 330 ha. Erholungsflächen 3 241 ha. Wasserflächen 1 600 ha. Stand 1978.